成为学霸

BECOMING A TOP STUDENT

听课技巧

何沛之◎编著

应急管理出版社

·北 京·

图书在版编目（CIP）数据

听课技巧／何沛之编著．－－北京：应急管理出版社，2023

（成为学霸）

ISBN 978 - 7 - 5020 - 9871 - 1

Ⅰ．①听…　Ⅱ．①何…　Ⅲ．①中学生—学习方法　Ⅳ．①G632.46

中国版本图书馆 CIP 数据核字（2022）第 242159 号

听课技巧（成为学霸）

编　　著	何沛之	
责任编辑	高红勤	
封面设计	牧　野	

出版发行　应急管理出版社（北京市朝阳区芍药居35号　100029）
电　　话　010 - 84657898（总编室）　010 - 84657880（读者服务部）
网　　址　www.cciph.com.cn
印　　刷　唐山玺鸣印务有限公司
经　　销　全国新华书店

开　　本　710mm×1000mm¹/₁₆　印张　42　字数　554千字
版　　次　2023年7月第1版　2023年7月第1次印刷
社内编号　20221629　　　　　定价　128.00元（共四册）

　　学习方法的重要性不言而喻。每次谈到这个问题时，我都会对同学们说："好成绩，99%都来自好方法。这不是夸张，一个好的学习方法抵得上悬梁刺股。"遗憾的是，还是有很多同学不重视学习方法，或者没能掌握适合自己的学习方法，结果在考场上铩羽而归。

　　这些同学之所以失利，一个重要的原因就是不善于从成功者身上吸取经验教训。广东省高考文科状元胡创欢说："我的学习秘诀就是：刻苦努力+方法正确+少说废话=成功。我经常阅读高考状元谈学习经验方面的文章，通过汲取他们的成功经验，不断改进、完善自己的学习方法，使之更适合自己。"

　　我非常赞同胡创欢同学的观点。从迈入中学到迎战高考，每一个同学面对的其实都是一条自己没有走过的路，其中的酸甜苦辣，都需要靠自己去摸索、尝试和探寻。这个时候，如果你能借鉴成功者（比如高考状元）的经验，就一定能少走许多弯路，在学习上事半功倍。

　　在我看来，学习成绩优异的学生，并不只是因为智商超群，而是因为他们掌握了最佳的学习方法。如果你能从他们分享的学习经验中提炼、总结出适合自己的学习方法，无疑就掌握了一条学习捷径。

　　此次出版的"成为学霸"丛书，就是为了向同学们进一步呈现高考状元的成功经验和学习智慧。丛书根据中学生学习内容、方式和重心的不同，分为《学习习惯》《记忆方法》《听课技巧》《时间管理》4册，全面、翔实地囊括了中学阶段应该具备的基本学习方法。

　　本系列丛书的突出特点是：

　　1. 精选多名高考状元的成功经验。每册都精选了100多位考入知名大学的高考状元的成功经验和心得体会。

　　2. 内容全面翔实。本系列丛书分别从记忆方法、听课技巧、学习习惯、时间管理等4个方面，总结了状元们在学习上的独家秘籍。

3. 方法简短易读。书中记录的每一种方法和技巧，都非常简短、易读，可以让大家在几分钟内读完，这样既不会过多地占用你的学习时间，又能够在潜移默化中改进你的学习方法。

　　方法对了，你在学习中面临的问题就能迎刃而解。赶紧翻开这套书，读一读，找到适合你的学习方法吧！

目 录 CONTENTS

第1章 ➡ 课前预习：高效听课的第一步

第2章 ➡ 听课方法：从课堂上听来好成绩

第3章 ➡ 课堂笔记：强化听课效果的撒手锏

第4章 ➡ 课后复习：提高学习成绩的关键环节

第5章 ➡ 分科听课：抓住学科特点选择听课方法

第1章

课前预习：
高 效 听 课 的 第 一 步

　　我国著名教育专家杨再隋教授曾经说：

"在学习新知识之前，让学生利用一些学习
资源进行适当的预习以建立旧知识与新知
识之间的联系是必要的。" 在我看来，课
前预习不仅可以帮助同学们复习、巩固已
学的知识，还可以让同学们提前走进新课
文，提高听课效率，最重要的是能锻炼大
家自学的能力，减少对老师的依赖，增强
独立性，改变被动的学习局面。因此，同
学们如果希望真正提高自己的听课效率，
请首先从课前预习做起。

001

让**课前预习**成为一种习惯

在我教过的学生中，经常有人会说："预习是浪费时间，反正老师上课会讲。"在这些学生中，有的只重视课堂上认真听讲，课后完成作业，而忽视课前预习，有的则根本没有预习。归根结底，这些同学不是没有时间预习，而是没有认识到预习的重要性，没有将预习形成习惯。

状元经验谈I 我们的好方法

👤 **姚宏翔**　　　　　　　　　　　　河南省高考理科状元
我会在每节课前做好预习，提前把要学的内容自学一遍，找出自己没有理解的地方。在我看来，做好课前预习非常重要，它不仅可以培养我的自学能力，还能让我听起课来更有针对性。因为在预习的过程中，难免会遇到不懂的内容，这样，我听起课来也就更有目标了。

井琳 　　　　黑龙江省高考理科状元

　　预习往往比复习更重要！上课认真听讲的重要性自然是不言而喻的。除此之外，做好预习功课，在课堂上针对难点知识着重消化，学习起来会事半功倍。所以，每次讲新课前我都要预习，然后带着问题重点听老师怎么讲，课后有不会的问题一定要问个明白。

高梦璇 　　　　贵州省高考文科状元

　　刚进高中时，我觉得预习没意思，是浪费时间。但实践告诉我，课前不预习，听课效率不高，学习效果不好。因为有许多知识，我们往往不可能一次就掌握，需要多次反复地领会，才能有深刻的印象。

　　从以上三位高考状元的经验中我们可以看出，预习是提高听课效率的重要一环，课前做了充分的预习，对所学新课有了整体的了解，对新课要讲什么、重点是什么、难点是什么，心中有数，听起课来心领神会。相反，如果课前不预习，听课效率不高，学习效果就不会好。

　　有一位同学曾经做过试验：预习后听的课，到晚上躺在床上，还能较完整地回忆起上课的内容。如果没有预习就去听课，课后只能记得一些大概。比如，只记得一个公式，至于这个公式是如何推导、如何证明的就印象不深了，还有课上讲的例题，也模糊不清了。

　　所以，我们一定要让预习成为一种习惯。具体来说，同学们可以按照下列方法来做。

1. 制订预习计划

　　一个学期、一个单元的教学及每天要预习哪些功课，都需要根据自己的实际情况和教学内容的需要，制订出适合自己的预习计划，用计划约束自己，管理预习活动。将自己学习最吃力的一两门课程作为主攻目标，加强预习，坚持下去会收到意想不到的效果。

2. 保证预习的时间

利用假期通读除英语以外的文科教材，利用星期天对理科的一些单元教材内容进行预习，每天要坚持预习第二天上课的内容。许多学生常常借口时间紧作业做不完，没有时间预习，稀里糊涂地听课，其结果是知识缺漏越积越多，学习也就越来越困难了。要学会利用学习计划合理地安排预习时间，一定要保证每天预习第二天的一两门课程，长期坚持下去学习能力就会不断地提高。

3. 努力克服预习中的困难

在预习中培养自己的阅读和思考能力，如果以前学过的知识没落实，就需要及时复习，把缺漏的地方补上来；如果遇到难以理解的新知识，就要及时翻阅参考书、工具书，把基本概念弄明白。克服阅读中的障碍，不仅能让我们在学习新知识时复习巩固旧知识，还能培养我们不怕困难的精神。

此外，在制订了预习计划后，同学们还要注意及时自我检查学习进度。具体方法是：在总的时间内，定出若干个期限，每一期限应该学到哪些内容，事先定好。到期就自己检查，看看是快了还是慢了。快了，注意检查知识是否掌握了；慢了，就努力赶上。还需要强调一点：一定要保证计划的落实。

002

选择适合自己的**预习方法**

常有学生向我抱怨："老师，我每天花费在预习上的时间并不少，为什么预习效果不理想呢？"每次听到这样的抱怨，我都会肯定地回答他们："如果你的预习效果不佳，那只能说明一个问题——你的预习方法不得当。"预习是一个实践问题，虽然有一定的预习方法，但并不存在一套适用于大多数人的方法。

状元经验谈**｜** 我们的好方法

刘世豪
湖北省高考理科状元

做课前预习，我一般分为三个步骤进行：第一步，先大致了解教材的内容；第二步，将本节后面的练习题按照由易到难的顺序排序；第三步，尝试着解答。在解答的过程中遇到疑难问题时，我会停下来想一想，分析一下原因，或重新预习一遍，再尝试解答。实在做不出来的，我就先做好记号，留待上课时去解决。这种方法很有效，做一道题抵得上做十道题。

朱宸卓

北京市高考理科状元

　　每学期开学时拿到新课本后，我都会从整体上进行预习。比如预习语文，对照每册书的目录，把这学期要学的语文知识划块分类、明确重点、厘清头绪，知道自己这学期该学什么，每个单元学哪些，现在学什么，今后学什么。

王子元

云南省高考文科状元

　　在预习中，对课本中的重点、难点，如果阅读后仍然不能理解，我就用一张告示贴写上自己的疑问，贴在该页书中。上课时听懂一个问题就撕去一页告示贴，听了仍然理解不清晰的再记入笔记中，这样学习既可以减轻负担，又能抓住重点。

　　通过学习上面几位高考状元的预习经验，我们不难看出，预习仅仅看一遍书是不够的，预习的任务实际上至少包括两个方面：一是标明不懂的地方；二是记住基本框架。如果同学们只完成了头一项任务而忘记了第二项任务，预习的效果自然不佳，并且每个同学都有自己的预习特点和预习方法，我们应该根据自己的实际情况采用相应的预习方法，而不是照搬其他同学的做法。

　　那么，有哪些方法可以帮助我们做好预习呢？下面介绍三种高考状元们普遍应用的预习方法，供大家参考。

1. 思考预习法

　　思考预习法就是指一边读一边想，或读完一课教材后想一想。"一边读一边想"是指在阅读教材的同时，运用已有的知识和经验，以及有关资料和参考书，进行积极的独立思考，多问几个"为什么"，咬文嚼字，努力发掘教材知识点之间的联系，尽量读懂教材中的每一个新信息。"读完后想一想"就是在通读教材的基础上，合上书本，再回过头来想一想，哪些弄懂了，哪些不明白，哪些是重点，哪些是难点，哪些还有疑点，哪些知识与已有知识有联系，是怎样联系的。如果有遗忘的地方或想不清楚的问题，就找出有关内容弄清楚，最后做到前后贯穿、连成一片，对通篇课文有一个完整的了解。

2. 鸟瞰预习法

鸟瞰预习法就是从整体上粗略地预习，对所学知识大体了解，做到心中有数。鸟瞰法预习主要是看标题，读目录。从章节目录的大小标题中，大致了解全书或某些章节的内容。有些书的章节下写有各章节的要点，它比大小标题具体得多，简明扼要地介绍了各章节论述的中心思想。因此，利用鸟瞰法预习非常有效。

3. 尝试预习法

尝试预习法就是按照课文后的思考题目、复习题目或练习题目进行预习，尝试作答。答不出时再预习，预习后再尝试作答，直至大体掌握为止。尝试预习的关键是初步处理教材之后，合上书本，围绕课后思考题想一想：这一课讲了什么新问题，自己弄懂了没有，这些新知识与已学知识有什么联系，自己是否已经掌握，还有什么不懂的问题需要上课时听老师讲解。这样思考以后，就可以初步检查自己的预习效果，进而尝试做题，发现自己在知识或技巧方面的欠缺，及时对预习的方法或要预习的内容进行改进和调整。

鸟瞰式预习多在假期里和开学初进行，因为这一段时间多数可以自我安排，并且学习也比较轻松。比如，可在暑假里或开学初新教材刚刚发下来的时候，利用一两天的时间，粗略地预习一下即将学习的内容。

003
合理分配时间，提高预习效率

在和身边的学生谈到预习时，有学生向我诉苦道："老师，我每天都花大量的时间去预习，将整篇课文都勾画得差不多了，上课时听得也很认真，为什么我的听课效果还是很差呢？"是啊，为什么这位学生付出了这么多，结果却没有达到想要的效果呢？其实，预习最重要的不是花费了多少时间，也不是在课本上做了多少批注，而是效率有多高。

状元经验谈 | 我们的好方法

> ☺ **何文君**　　　　　　　河南省高考文科状元
>
> 　　一般来说，预习的时间控制在30~40分钟，最好分两步进行。即预习两遍，看自己在不同的时间里对同一问题是不是有不同的看法，再来听老师的讲解就会认识深化两次。时间间隔以一天为最好，在时间充裕的情况下可以提前查阅资料，对老师将要讲的知识做到心中有数，也能增加学习的信心。如果时间较少，也可以粗略地了解学习内容，但绝对不能一无所知，冒冒失失地就去听课，那样不会取得好的效果。

👤 **蔡雨玹**　　　　　　　北京市高考文科状元

上高中那会儿，学业紧张，我每天用于预习的时间并不是太多。可是当我翻开身边同学的书本时，却发现他们用方框框出的新词、曲线画的好句、问号画的问题，多音字、近义词、反义词，密密麻麻的一大片。我在想，他们是怎么抽出这么多时间预习的呢？不过，后来发生的事情令我很意外。每次当老师要求我们读书时，好多已经预习过的同学不是这个字读错，就是那个词不认识，或是句子读破，等等，对预习的内容很生疏。所以，我得出了这样的结论：预习一定要讲究效率，哪怕在时间紧张的时候也不要流于形式。

总之，预习不仅要持之以恒，形成习惯，还要根据课程安排、学科特点、自身情况，灵活安排预习时间，提高预习效率，这样，才能收到良好的效果。比如，如果时间充裕，应多查课外资料，将预习引向深入；如果时间较紧，也至少应大致翻看一下将要学习的内容，不应一无所知地去听课。记住，多花点儿时间在预习上，是提高成绩最有效的方法。

那么，怎样才能提高预习的效率呢？根据以上两位高考状元的学习经验，我们不难看出，提高预习效率必须牢牢抓住以下三个关键问题。

1. 灵活安排预习时间 ✏️

预习时间要在服从学习整体计划的前提下灵活安排。根据每天的空余时间，决定预习的科目及每科预习的时间。课前预习一般在20分钟左右，时间多时预习可以充分点，钻研得深点。闲时可以多搞一点儿阶段预习和学期预习。闲时"向前学"是优秀学生的经验。

2. 预习要持之以恒 ✏️

有的同学经过一段时间的预习后，感到学习成绩并没有明显的提高，就想放弃预习，这是不可取的。因为学习成绩的提高与多种因素相关，只有在做好预习的同时，做好其他的学习环节，才能取得令人满意的成果。另外，预习的质量也有一个不断提高的过程。因此，预习不能浅尝辄止，持之以恒方能奏效。

3. 预习要防止两个极端

预习要防止两个极端：一是预习过粗，流于形式，达不到预习的目的；二是预习过细，以至于上课没有什么可听的，甚至打乱了整体计划，影响了其他学科，虽然有收获，但时间利用得不充分，效果不好。

如果同学们能抓住这三个关键问题，就能最大限度地提高预习的效率。

004
不同的科目采用**不同的预习方法**

从教多年，我接触过的学生不计其数。每当看到有学生因为学习方法不得当而影响学习成绩，我就会感到非常难过和心痛。大家都知道，种植不同的农作物，要根据不同的气候、地形因素做到因时制宜、因地制宜。其实，学习也不例外。同学们应根据各个科目的特点和自己的实际情况，确定重点预习的科目、内容和时间安排及预习方式等，从而使预习更有针对性，预习效率更高。

状元经验谈I 我们的好方法

 赵浩宇　　　　　　　云南省高考文科状元

历史、地理等学科的教材前后联系比较紧密，阅读难度又不大，适宜在新学期开学前用通读整本课本的办法进行预习。集中利用时间通读历史、地理课本，以章节题目及每节课中的小标题为序写出阅读提纲，初步整理主要内容。如果时间充足，还可以阅读一些相关的文献资料，并摘记其中与课文重点有关的内容。最后，试着做一下课后练习题，了解自己对预习内容的理解和掌握程度。

朱炳丰　　　　　天津市高考理科状元

数学、物理、化学、生物等学科一章或一个专题的内容联系广泛，逻辑性很强，前面的基础打不好后面的内容就学不会，一般应选择在周末或其他自由学习时间集中进行预习。粗读课本内容后，回想这一课中有几个概念、几条定理、几个公式，如果还不清楚就再进行细读。要逐字逐句地分析定义，其中的任何一句话，甚至一个字都不能忽略，然后结合课本中的例子，加深对每个概念、每条定理、每个公式的理解。

袁清晗　　　　　江苏省高考文科状元

英语预习可以分为单词的预习和课文的预习两部分。单词的预习可以先看课后的单词表，也可以直接在读课文时画出不懂的单词，这样可以把以前学过但没掌握的单词一并找出来学习。尝试用铅笔在课本上画出英语习惯用语、固定搭配和句型；接着预习课文，先自读课文，了解课文大意，然后尝试翻译课文，把自己不能翻译的句子标记出来。

简而言之，针对不同的科目，我们要从不同的侧重点进行预习。比如，对于文科，预习的时候应更注重理解，搞清楚问题的实质；对于理科，预习的时候要自己动笔计算，先不看书上的解题过程，自己思考解答。

很多同学之所以预习不见成效，一个很重要的原因是他们在预习时没有因"科"制宜。所以，在预习不同的课程时，我们应注意以下几个方面的问题。

（1）文科、理科预习有别。像英语、语文科目，一般都是在课堂最后布置预习任务，这也符合老师的安排，因为要配合下一堂课的教学计划。所以，英语和语文按照老师布置的预习范围和要求做，基本上就可以了。对于数学、物理、化学等理科科目，预习不是把老师在下一节课将要讲的内容先学一遍，而是主要看看下一阶段大致要讲些什么内容，且理科的教材在编制的时候重点、难点都比较突出，所以也比较容易结合重点、难点来预习。

（2）如果下堂课偏重概念或定理，那么我们把书上的内容通读之后，首先应该回想一下，这一节有几个概念、几条定理，它们都说了些什么。如果还不清楚的话，就应该再仔细地阅读，不要怕浪费时间。等把这些问题都弄清了，再结合书中的例子，对每条定理、每一概念逐一进行剖析，加深理解。值得注意的是，定义都是用最精练的语言写成的，抽去或者忽略其中任何一句话，甚至一个字，都可能产生理解上的错误。所以，预习时对这些定义应该逐字逐句地进行分析。

（3）如果下堂课是做实验，那么我们首先应该了解本次实验的目的和要用的器材；其次是要了解实验步骤，一边看书，一边在脑子里进行"实验"，尽力想象每一步骤中会出现什么现象，这些现象可以用哪些定理、定律来解释。对于书上指出的一些注意事项，我们也要想一想，为什么要注意这些问题，反之又会如何。这样，不仅可以提高实验的成功率，也可以加深对实验的印象。

此外，应将预习的重点放在自己的弱势科目上，或者是某些课堂任务重、非得靠课前预习来辅助完成听课任务的科目。如果不预习，听课就很困难或者效率低，那么就一定要安排预习。而如果不预习，听课也能很顺利，收效高，那么不安排预习也无妨。

005
课前预习可以**分五步进行**

　　有些同学总是觉得课前预习没意思，是浪费时间，很随便地看看书就说预习完了。实践告诉我们，课前预习是一种重要的学习方式，通过预习我们可以达到对新知识的了解、理解和掌握。因此，如果我们在预习时很好地掌握了新的知识点，上课时认真听讲，把知识再强化记忆一遍，就会为课后复习节省大量时间。

状元经验谈I 我们的好方法

> 👤 **查韦婷**　　　　　　　安徽省高考文科状元
>
> 　　我们常常看到这样一些同学，他们学习很努力，一天到晚忙忙碌碌，有做不完的作业、改不尽的错题，时间总是不够用，然而学习成绩总是不理想。如何改变这种被动的局面呢？办法只有一个——变被动为主动，变恶性循环为良性循环。越是时间紧，越要抽出一定的时间预习。通过预习避免无效的活动，通过预习赢得学习的时间，通过预习扭转被动的、苦恼的、倒退的学习过程中的恶性循环。

刘智昕　　　　　　　北京市高考理科状元

　　由于初中的知识比较简单，而且老师上课时又要照顾大多数同学的进度，因此，初入高中时我错误地认为课前预习是在浪费时间。但是一路走来，我才慢慢地发现：预习可以使我们带着问题、有的放矢地去听课，从而更容易在课堂上学到更多的知识。而且老师在讲课过程中大多不会照本宣科，而是会向外延伸知识点，以便我们对课本知识有更透彻的理解。如果不提前预习，就无法分清哪些内容是主要的、是课本上出现的、是应着重记忆的，哪些是次要的，也无法搞清楚老师讲课的层次。

　　预习不同于自学，它仅是一种"课前自学"，不要求把新内容全部弄懂弄通。如果把预习当成纯粹的个人"自学"，不仅会加重我们的学业负担，而且会影响听课质量，从而导致"过犹不及"的情况发生。在这里，我建议大家按以下五步进行初步的预习。

　　第一步，认真通读教材，边读边思考，找出重点、难点和疑点，可以适当地做些笔记或批注。

　　第二步，利用工具书、参考书扫除知识障碍。

　　第三步，对不懂的问题进行分析，如果是由于旧知识遗忘或存在知识缺陷就要及时补救。将经过努力还弄不懂的问题记下来，等上课时听老师讲解。

　　第四步，读完教材后合上书本，围绕预习任务思考一下，教材讲了哪些内容，主要的思路是什么，哪些是新知识，与新知识有关的旧知识是什么，还有哪些问题不理解，等等。

　　第五步，如果时间允许的话，可以试做一些练习题，检查一下预习效果。

五步预习法让我们对将要学习的内容有一个宏观性、综合性的认识，主要是让我们了解知识的脉络和体系。这样，我们课上学习新知识时自然会觉得轻松自如。

006
课前预习的内容与**注意事项**

　　大家都在预习，为什么有的同学预习效果明显，而有的同学却不见成效呢？其实，这主要还是方法问题。

状元经验谈| 我们的好方法

 李乐

浙江省高考理科状元

　　我的经验其实很简单：注重课前预习和课堂效率及课后巩固。很多同学都轻视课前预习，甚至有人觉得这是多此一举，而我认为，课前预习是主动学习的开始，它不仅培养了我的自学能力，而且让我在听课时更有针对性，对难点、疑点会格外留心。在课前预习时，我会以课本为主，因为这是老师讲课的内容。一般我会先看基础知识，如果遇到不懂的地方，就去查工具书，一边看一边思考，到正式上课时，我就会集中注意力去听老师讲我不懂的难点。老师讲完课，要及时抽出时间巩固当天所学知识。

吴可书

广西壮族自治区高考文科状元

在预习时，我们要根据自身的实际情况，注意区分优势科目和弱势科目，尤其要加强弱科的预习。自己觉得较差的一科或几科，要多用点儿时间进行深入预习，且养成良好的习惯，持之以恒，努力攻克弱科。

黄佳琰

江苏省高考理科状元

预习有时需要阅读参考书，但又不能完全依赖参考书，对于人文知识方面的学习，如果参阅更多的课外书籍，往往会收到意想不到的效果。比如，对于小说，要了解小说反映的时代背景，学习有关风土人情方面的知识，这样有利于加深对课文的理解和认识。

管良剑　　江西省高考文科状元

打无准备的仗必输，没有预习的功课一定学不好。要想提高你的学习成绩，必须牢牢抓住预习这个关键环节。怎样才能提高预习的效率呢？我认为，提高预习效率必须关注三个关键问题，那就是"灵活安排预习时间""持之以恒，逐步提高"和"防止两个极端"。

可以说，预习是提高听课效率的重要一环。课前做了充分的预习，对新课要讲什么、重点是什么、难点是什么，心中有数，听起课来自然很有效率。如果课前不预习，上课时才匆匆打开课本，对新课内容一无所知，听课效果自然很难尽如人意了。那么，我们在课前应该预习哪些内容呢？又该注意哪些事项呢？

1. 课前预习的内容

课前预习的内容主要有以下几个方面：

（1）围绕基本概念、原理、法则、规律、公式等阅读教材。

（2）做课后练习题，目的在于检查自己对阅读内容的理解程度。

（3）做练习题时再读一遍教材，以便对知识有较深入的理解。

（4）发现先前的知识没有掌握时，回过头来补上。

2. 课前预习应注意的事项

（1）根据老师的教学进度、教材本身的内在联系和难易程度，确定预习的内容和时间。自学能力较强的学生，可以提前一星期自学下星期要学的新课，也可以先初学一遍新教材，然后在上新课之前（一天或一星期）再自学一下（次日或下星期）即将学习的内容。

预习的时间一般安排在完成当天功课之后的自习时间。

（2）课前预习要讲究质量，不要抱有依赖老师解决问题的心理，而应力争在老师讲课以前把教材基本或大部分弄懂。

（3）反复阅读新教材，运用已学的知识、经验及有关的参考资料，多问几个"为什么"，进行积极的独立思考。发掘新旧教材之间的联系，掌握新课的基本内容，尽力弄懂新教材中的每一个新概念，找出重点和难点，明确新课要解决的主要问题。

（4）将新教材中弄不懂的问题和词语记下来或在课本上做记号，使自己的大脑处于积极的思考状态，为接受新知识做好思想准备。

（5）不懂的问题，经过独立思考（包括查阅参考资料）后，仍然不能解决的，可以向老师、家长或同学等请教。

007
预习是为了**更好地听课**

　　"你在预习功课上花了多少时间？"当我这样问身边的学生时，他们大多会说："我每天做完作业就开始预习了，因为科目太多，我花在每门科目上的时间都不长，听课的时候效果不是很好，有一种做无用功的感觉。"还有一些学生是这样回答的："我每天都雷打不动地坚持着自己的预习计划，当我完成所有科目的预习任务后，通常都很晚了，第二天上课时常感到筋疲力尽，打不起精神。"预习的重要性不言而喻，可是，面对上述情况，我们该怎么办呢？

状元经验谈 | 我们的好方法

👤 陈炜祥	福建省高考理科状元

　　我认为处理好预习和上课的关系非常重要。我在预习时一般都会通读一遍将要学习的知识，初步理解它的基本内容和思路。预习时如果发现自己对与新课相联系的旧知识掌握得不好，则查阅和补习旧知识，为学习新知识打好基础。做到这些，在上课时自然就感到轻松了。

龙婷　　　　　　贵州省高考理科状元

通过预习，上课时就能集中注意力去听老师讲解。而且疑难处由于自己预习时思考过，再听老师讲解就容易弄明白。这样，学习内容更集中，目的性更强，同时，由于有部分知识自己已经搞懂，能节省一些时间深入思考疑难问题，归纳并学习老师解题的思路和方法。

汪烨　　　　　　湖北省高考理科状元

以前上初中时，我不怎么做预习；上高中后，学的知识加深了，刚开始我还像在初中时那样不重视预习，结果听课时感到越来越吃力。所以，我下定决心做好预习，后来听课效率有了明显提高。

以上3位状元的经验告诉我们：在预习过程中，完全没必要将所有内容都吃透，而且每一天每一门科目的预习时间安排以十几分钟为宜，对于自己的弱势科目，可以适当增加一点儿预习时间。为了帮助大家处理好预习和听课的关系，从而提高预习效率和听课效果，我们对状元们的经验之谈进行了归纳总结，现列举如下。

1. 防止"钻牛角尖"

如果在预习或听课时遇到某一个问题的一个环节没有弄懂，千万不要"钻牛角尖"，而要先记下来，将其作为重点，上课时注意听老师讲解或课后向老师请教。

2. 不管是预习还是上课都要提高自主性

要努力做学习的主人，在预习时要积极主动，多开动脑筋思考问题；在课堂上要认真思考老师提出的每一个问题，认真观察老师的每一个演示实验，大胆举手发表自己的看法，积极参加课堂讨论。

3. 要养成记预习笔记和听课笔记的好习惯 ✏️

预习时要记下大纲和重点，听课时把自己的预习笔记和老师的讲课内容印证一下。做课堂笔记时要一边听一边记，当听与记发生矛盾时，要以听为主，下课后再补记笔记。记笔记要有重点，要把老师板书的知识提纲、补充的课外知识、典型题目的解题步骤和课堂上没有听懂的问题记下来，课后再回顾或加以解决。

此外，对自己预习时已经弄懂的内容，也可将自己思考、解决问题的方法与老师思考、解决问题的方法相对照，从中得到启发，进一步打开思路，从而加深对这部分知识的理解。相反，如果缺乏充分的预习，上课时老师所讲内容在书上何处都不知道，就会导致跟不上老师上课的节奏，手忙脚乱，听课效果就可想而知了。

008
掌握**课前预读**的技巧

　　我有一个学生原来听课很吃力，学习成绩一直难以提高，精神压力很大。后来，我发现他在学习上取得了明显的进步。这是什么原因呢？他说："是每天20分钟的课前预读让我还清了学习中的'欠账'，改变了我学习的被动局面。"这位同学所说的"课前预读"，其实就是在上新课之前阅读新教材及参考资料，并在必要时阅读与新课有关的已学课文，有针对性地复习新课中可能涉及的旧知识。

状元经验谈I 我们的好方法

👤 何中华	海南省高考理科状元

　　经过课前预读，我心中对新课有了一个整体的思路，容易跟上老师讲课的步伐，甚至"跑"到老师思路的前面。当老师讲到某个陌生的概念时，我会想它是怎样建立起来的，与它相关的概念有哪些。同时，我在预习时有做笔记的习惯，我一般会把教材的主要内容和自己没有弄懂而需要在听课时着重解决的问题记录下来。

谭思颖　　　　　　　　　广西壮族自治区高考文科状元

在进行预习阅读时，同学们要学会对课文中有关的概念、定理和重点圈点画线，或者是注眉批、分段落，必要时还需要在一个专用的练习本上写写画画；特别是预习理科教材，阅读时准备一支笔和一个练习本是很有必要的。不要小看阅读中的圈圈画画，它留下来的往往是阅读者随课文内容而展开的思维痕迹。

戴霖杉　　　　　　　　　辽宁省高考文科状元

在预习阅读中，不要急于加批语，一知半解、支离破碎、没有领会课文精神实质的批注，不但毫无意义，而且会造成误批。眉批的语言应简短精练，力求抓住重点。不要期望把一切问题都写透，也无须对个人见解加以发挥，应将更深入一步的工作放在预习笔记中去完成。

以上3位状元的经验告诉我们：要进行预习，必须学会读书。课前预读可以帮助同学们对即将学习的新课有一个全面的了解，在老师讲解时更好地理解新知识。不过，读书的方法有多种，不同内容、不同性质的学习，应有不同的读书方法和要求。课前预读对阅读的理解层次要求不高，如果将读书划分为粗读、细读和精读三个层次的话，那么课前预读只要求达到由粗读到细读的层次。

1. 粗读

粗读，即用较快的速度概览全篇课文，观其大略，了解梗概，从而对新课有一个粗略和直观的印象，并对课文中讨论的主要问题做到心中有数。

2. 细读

　　细读也就是仔细地阅读。细读中应弄清课文的重点、难点及个人的疑点所在，要求能把握中心，初步理解课文。粗读课文以后，往往会产生一种"欲知后事如何"的感觉，这证明对课文内容的思考已经有了一定的意识指向，它会驱使自己的思维向更深入的方向发展，这时应回过头来从课文的开头分段细读。在细读中对于重要的概念和定理常常需要"咬文嚼字"，只有这样，你才能真正理解概念和定理中关键的字、词、句的特定含义。

3. 拟订预习提纲

　　预习前最好能草拟预习提纲，然后根据预习提纲带着问题去阅读、思考和理解课文。预习提纲可根据与现行教材配套发行的各学科教学目标手册去拟订。手册中每一节课都有具体的教学目的，且已划分出能力的达标层次，因此，预习提纲不一定需要专门去写，可直接在目标手册上勾画或做出说明。这样有目标导向地预读课文比完全盲目地去阅读，效果要好得多。

4. 做好预习笔记

　　要将预读的结果认真地记在预习笔记上。预习笔记应记教材的主要内容、层次、思路；教材的重点、关键；自己没有弄懂、需要在听课时着重解决的问题；查阅的旧知识、补充的新资料和自己的心得、体会，等等。笔记应力求简明扼要，科学适用。

009

预习也要适当做笔记

俗话说："好记性不如烂笔头。"同学们都知道要记课堂笔记，但很多人不会记预习笔记，或者认为没什么用。其实，预习笔记是课堂笔记的预热，记预习笔记的目的在于把预习的成果整理出来，以便加深对知识的领会，从而使你在上课时更好地理解和掌握新知识。

状元经验谈l 我们的好方法

👤 **杨亚楠**

山西省高考文科状元

上课时，很多同学感觉数学听不懂，一个重要的原因就是：上新课时，前边学过的知识还没有弄懂，或者旧知识已被遗忘了。而预习就是为上课做准备。预习可以让我们主动地听课，带着问题听课，同时提高我们的自学能力。

针对数学预习，我的方法是：较快地浏览教材，例题至少看三遍，认真地理解概念，画出重点内容，找到疑难问题，简单地做些练习题检查预习效果。如果时间充足，根据预习的知识，在笔记本上列个框架，方便第二天对课堂笔记进行补充。

蒋胜千
黑龙江省高考理科状元

一直以来，我都有预习的习惯，只要时间来得及，我每天都会预习功课。预习的时候，我会边预习边做预习笔记。对于那些尚未搞清楚的易错、易混、理解不清或模棱两可的内容，尤其是经老师讲解仍不懂的旧知识，我就直接记在笔记本上，然后向老师或同学请教。需要注意的是：预习笔记记录的主要是基础知识点，课堂笔记记录的主要是之前没有注意到的、没有学过的，以及老师重点强调的内容。

王盼
河南省高考文科状元

在预习的时候，我总有这样的感触：当课本内容太多时，重点、要点等混杂在一起，我很容易就迷失其中了，因此很难贯通地理解全书。后来，为了使预习的内容更有条理、系统、清晰，我总结出了提纲预习法。通过列提纲，再将提纲通览一遍，我更容易发现这些提纲要点之间的关系和表达的意思。另外，将一篇课文以提纲的形式表现出来，本身就是预习的过程，我们何乐而不为呢？

同学们可根据不同的学习内容、不同的学习要求，以及个人可自由支配的时间多少写预习笔记。从记录形式上分，预习笔记有两种：一种是记在书上，一种是记在笔记本上。

（1）在书上做的预习笔记要边读边进行，以在课文中圈点、勾画、批注为主。所圈点勾画的应是课文的段落层次、每部分的要点及一些生僻的字句。也可以在书页的空白处做批注，写上自己的看法和体会及自己没读懂的问题。

（2）在笔记本上做的预习笔记既可以边读边做，也可以在阅读课文后再做整理。整理的内容包括本课的重点、难点部分的摘抄及心得体会；预习时遇到的疑难问题是什么，自己是如何解决的，查阅了哪些参考书或工具书，所查阅的资料中有价值的部分的摘抄及心得体会，等等。

为了避免预习笔记和课堂笔记重复，可在写预习笔记时留出一定的空白，以便听课时把老师讲授的有价值的内容补充进去。对于有一定难度的课文，一般只要求写简单的预习笔记，预习时把更多的时间用在阅读和思考上，待上课听讲时再按老师的讲课思路写出课堂笔记。

另外，同学们在书上做预习笔记时，应注意以下几点。

（1）圈点画线虽然并无统一的规定，但多数人有一些习惯性的标记方法。如用圆点（·）或圆圈（○）表示重要的、精彩的语句，用双圆号（◎）表示一段精彩内容或语句的结束，用几个并列三角形（△△△）表示课文中几个并列的观点或事物，用惊叹号（！）表示自己非常欣赏的语句，用问号（？）表示对课文中有关问题的质疑，用波浪线（﹏﹏﹏）表示关键性的语句和段落，用着重号（．．．）表示段落中关键性的字词，等等。

（2）每次阅读时可用颜色不同的笔加以勾画，这样有利于区别阅读的层次，使理解步步深入。

（3）有时单靠符号是不能完全表达自己的所思所想的，这时就需要注批，一般可在书的天头、地脚、段尾或篇末的空白处随读随写。写在页码顶端空白处的叫眉批，写在字行旁边空白处的叫行批；长的可以像发表感想那样写上一段话，短的可以几个字，甚至是一个字或者一个符号，如"好""！""？"等。

010
大浪淘沙，**找准预习的重点**

有些同学在预习时不分主次与轻重，只要书本上有的内容通通死记硬背，结果看似都记了，却都没记牢，工夫白费了。其实，预习的重点就是通过阅读教材，将教材中的重点、难点、疑点找出来，第二天带着问题去听课，这样必然能提高听课效率。

状元经验谈I 我们的好方法

 袁鸿杰   上海市高考理科状元

在我看来，预习是一个由粗到细、大浪淘沙的过程，你要多淘几遍才能看见闪闪发光的金子。我在预习时，首先会把要预习的内容快速浏览一遍，初步知道新课中哪些是一看就懂的，哪些是看不懂的，然后带着这些问题细读第二遍。阅读第二遍时，速度要放慢一些，一边细读，一边思考与理解；遇到不明白的地方，要停下来反复思考；对不认识的生字、生词，要立即查工具书搞明白；实在搞不懂的问题，就把它记下来带到课堂上，听课时再去解决。

张诗佳 陕西省高考文科状元

通过预习，我们可以全面地了解课文，为理解好将要学习的内容打好基础。因此，预习时，我们一定要反复地读教材内容，而且在读的过程中要有意地去发现文章的精妙之处。必要时，还可以做一些标记，比如，将一些精彩的或触动你的语句画出来，还可以写几句鉴赏性的批语。我在预习鲁迅先生的《祝福》时，对祥林嫂一次次外貌的变化印象特别深，于是每一次对她外貌进行描写的地方都记了几句简单的话，来描述此时我想象中的祥林嫂的心情。她的绝望、痛苦、悲惨，还有在麻木中仍然表现出的善良本性等，在记录的那一刻我仿佛都看到了。

刘长佳 河北省高考文科状元

像历史、地理、政治等科目，可以运用提纲预习法进行预习。所谓提纲预习法，就是把所学的内容列成不同形式的提纲，提炼概括为有逻辑联系的纲要结构，使之脉络清晰、层次分明、文字精练、观点突出，便于掌握章节大意和中心思想，非常适用于文科的学习。

任何一个知识点都有其重点或者是关键的地方，因此，我们要找准预习的重点，过滤掉一些不太重要的内容，就像过滤出纯净水一样，层层过滤，最后剩下的自然是最有价值的东西。但是，很多同学在预习的时候注重的是"面和广"，而忽略了"点"。根据袁鸿杰同学的经验，以语文为例，运用"大浪淘沙"法来预习语文的具体步骤如下。

1. 准备一本词典，然后进行第一遍粗淘 🖊

第一遍，要求不高，只需淘去生词，把课文读通。在阅读时，遇到生词或生僻的字就翻阅词典，除弄清词义、会读会写之外，还要思索它的近义词和反义词，最后用这个词造句，就能将这个词彻底弄懂了。

2. 第二遍，要读懂课文，弄清它的脉络 ✎

　　首先给课文分段落，概括出大致意思。其次找出一些自认为写得精彩的词句加以体会，用老师平时分析词句的模式简析一遍，看看到底好在哪里。对于一些自己弄不清的词句，第二天要着重听老师讲解。最后要把握课文的写作特点。这样，学的课文多了，自己构思作文的能力自然就提高了。

3. 第三遍，要精心筛选，去粗求精 ✎

　　先自己体会作者写某篇文章的用意，然后参考一些资料，弄清作品的写作时间及背景，体会作者要反映或揭露或抨击或赞美的某些东西，然后概括文章中心思想。再从文中找出一些细节描写，想想它们在文中的作用。

　　如此这般，对文章就有了更深入的理解。这是整体理解的一步，综合能力运用的一步。如果你能轻松越过，那么对其他文章理解时就轻车熟路了。

　　预习也像沙里淘金一样，筛得越细，最后的收获也就越大。同学们要注意的是：预习的方式是精细还是粗略，精细、粗略的程度如何，要在预习前就做好安排。如英语每堂课语法单一、单词量少，只要稍作了解就行，但像物理这样的课程，逻辑性强、难度大，最好采用精细的方式预习。

重视课本目录的作用

  很多一线老师在教学中比较注意引导学生发现目录的作用。例如，在新学期开始或新课本开始使用时，运用目录介绍新学期的学习内容或全书内容、篇章结构，做到纲举目张。比如，开始学习高中物理第二册时，结合课本第一章的引言，让学生阅读目录，了解热学各节之间的联系。这样学生一开始学习，就能从整体上掌握教材体系，做到头脑中有比较清晰的轮廓，为以后的学习打下基础。实践证明，这样做是有益的。例如，在以上各节学完后，学生做学习小结时，许多同学都能用多种研究方法贯穿各章，熟练把握课本脉络。

第2章

听课方法：
从课堂上听来好成绩

　　从事教学工作的这些年，我曾留意过这样一个有趣的现象：同样是听一节课，有些同学听完课后，能够掌握课堂内容的80%以上，而有的同学连50%都掌握不了。这是为什么呢？他们的差别又在哪里呢？后来，我把这两类同学进行了对比，发现听课习惯和方法有可能是他们产生差别的原因。我国著名的物理学家严济慈先生曾说："听课，是学生系统学习知识的基本方法。要想学得好，就得会听课。"因此，我们可以说，不会听课的同学，成绩往往不会好。为了提高听课质量，同学们更应该讲究听课方法。

011
紧跟老师的**讲课思路**

你是否有过这样的经历：刚刚上完一节数学课，紧接着下一节是英语课，老师已经开始讲课了，而你的思维还停留在上一节数学课里，无法转移到英语课上来；当你好不容易转入英语课时，老师已经讲了很多内容了，最终45分钟的课听得断断续续，以致对课堂知识的记忆出现了空白点。

状元经验谈I 我们的好方法

👤 陈君仪	湖北省高考文科状元

听课时，应该始终跟着老师的节奏，要善于抓住老师讲解中的关键词，构建自己的知识结构。利用老师讲课的间隙，猜想老师还会讲什么，会怎样讲，怎样讲会更好，如果让我来讲，我会怎样讲。这种方法适合于听课容易分心的同学。

👤 郭恒

甘肃省高考理科状元

在学习上，我认为课堂45分钟是最重要的，它是我们取得好成绩的保证。上课时，我会紧紧地跟着老师的思路走，这样听起课来效率会很高。一般说来，老师上课的内容都是根据教材本身的知识结构展开的，所以，我们听课时跟上老师的思路是不成问题的。课堂效率提高了，我们回家也就无须再"开夜车"了。

👤 韩牧岑

北京市高考文科状元

上课时既要听老师是怎么讲的，是不是讲到了点子上，重点是否突出，结构是否合理；又要听老师是怎样复习旧知识的，是怎样引入新知识的，是怎样讲授新课的，是怎样巩固新课知识的，是怎样结尾的，是怎样布置作业的；还要听其他同学是怎样回答问题的，又是怎样讨论问题的。

那么，我们在听讲时怎样做才能听得既省心又放心呢？当然是跟着老师的思路走了。每个老师授课都有自己独特的思路，我们在听课时，如果能够抓住老师的思路，就等于抓住了一节课的精华，就能取得良好的学习效果。

012
课堂上要敢于问"为什么"

　　我认为，在课堂上遇到不太明白的问题是很正常的。有了不懂的地方，就要发问。不少同学因为不敢问，使本来很小的知识漏洞变得越来越大，以至于影响了学习成绩，可见"问"在课堂学习中的重要性。

状元经验谈 | 我们的好方法

> 👤 **程道琰**　　　　宁夏回族自治区高考文科状元
>
> 　　说到学习方法，我最好的方法就是问问题。课堂上遇到不理解的问题时，我会先画出来，等下课后去问老师。语文、数学、政治、历史等课程，我也是有疑必问。在学习中我不仅喜欢问问题，在生活中，我也总是抱着强烈的求知欲和好奇心，常常向父母问问题，有时候把父母都问烦了。我认为，不懂就问，才能学得好、学得懂。有一次，班里举行"向老师说真心话"的活动，我向老师说的真心话就是"希望老师不要烦我的问题"。这让老师又好笑又感动。

> **张宗慕雨**　　　　　　　　　云南省高考理科状元
>
> 　　我是一个不管课上还是课下都特别爱提问的学生，几乎所有的任课老师都认识我，这是因为我有一个爱提问题"刁难"老师的"坏习惯"，只要教过我的老师都被我问过。我曾将不同版本的教材都拿来学一遍，发现不一样的地方就问老师，"打破砂锅问到底"。教语文课的吴老师用"聪明、努力、严谨"六个字来形容我。

　　以上两位状元都爱问问题，喜欢"打破砂锅问到底"，其实他们就是希望能在课堂上解决所有的疑难问题，提高学习效率。在同一教室里听同一位老师的课，教材和课时相同，大家的智力也差不多，有的同学漫不经心，不由自主地被老师"牵着鼻子走"，而有的同学思维活跃，深入思考，不断提出"为什么"。一堂课结束，前者迷迷糊糊似懂非懂，无所补益；后者释疑若干，获益良多。可见提问有多么重要！俗话说："好问无须脸红，无知才应羞耻。"不敢大胆地发问探索，结果导致问题越积越多，学习无法深入，只会越学越被动。

　　的确，听课是学习的中心环节，在课堂上敢于提问，是一种在学习过程中善于发现问题并对问题进行探索的方法。如果课上浪费十分钟，也许课后就需要花一个小时，甚至更多的时间才能把遗漏的知识点补回来。而且，不重视听课，其实就等于浪费了绝大部分的学习时间。有时即使课后再努力、再勤奋，也是于事无补的，真是"捡了芝麻丢了西瓜"。因此，课堂上将问题提出来，把自己的疑问在课堂上都解决了，课后就会有更多的时间进行其他学科的学习。

　　具体来说，大家可以按照下列方法来做。

1. 要有问的勇气 ✎

　　要认识到有疑问是正常的，可能你问的问题也是其他人想问的。而且，即使是个人的问题，也不要害怕丢脸。要知道，不懂装懂，结果只会害了自己。

2. 要讲究问的方法

尽管提问的方法很多，但向老师提问时，问题一定要明确，不能连自己也不清楚要问什么。

3. 大胆怀疑现有结论

注意对所学课题多问几个"为什么"或"怎么样"，有了问题，然后独立思考，寻求答案。如果自己找不到满意的答案，就向老师或同学请教。

4. 力争超前于老师的思路

如果自己的想法和老师的不一样，先听老师的讲解，再举手提出自己的思路。

当然，听课的过程是一个集体学习的过程，所以，在向老师提问时，必须是迫切需要解决而又不会对课堂教学造成大的冲击的问题，同学们应该在充分预习、积极思考的基础上，大胆而又谨慎地提问。

013
课堂是听与思的结合

在我教过的学生中，有很多人存在这样的疑惑：上课时老师讲什么我就听什么，该听的内容我都听了，为什么听课效率却很低呢？其实，最主要的原因就是这些同学上课时只是在盲目地用耳朵听，而没有调动大脑积极思考。所谓"学而不思则罔"，说的就是这种现象。

状元经验谈| 我们的好方法

 孙一先   北京市高考文科状元

同样是听一堂课，为什么有的同学收效甚微呢？主要原因就是他们没有把"听"和"思"结合起来。要知道，听课的含义远不止被动地听老师在说什么。我有一种方法可以帮你有意识地进行思考，即老师一边讲，你一边猜想他下面要说什么，这会促使你全身心地投入课堂学习，积极地倾听和思考。因此，不要做一个被动的信息接收者，要充分调动自己的积极性，将自己的思维和老师的讲课过程紧密地联系起来，这样听课效果才最好。

邹贤坤　　　　　　　　贵州省高考理科状元

　　我虽然一直是班上出类拔萃的学生，但我也曾在听课的问题上栽过跟头。刚升入高中时，我有点儿不适应。拿听课来说，在初中时，老师上课讲什么我们就听什么，基本上听一听、背一背就可以考高分。不过在升入高中后，这种被动听课的方法就不见效了。当时，我的学习成绩下降了不少，学习积极性也不高了。后来，我琢磨出自己的一套听课方法，那就是，老师一边讲，我就一边猜老师要说什么，这样，在猜的过程中我就全身心地投入到听课中去了，而且能有意识地进行思考，听课效果自然不用说了。

于静文　　　　　　　　辽宁省高考理科状元

　　总结这12年的学习生活，我认为学习中最重要的一个环节是上课积极动脑思考。据我观察，上课动了脑筋的同学明显要比只"听"不"思"的同学成绩好很多。为什么？因为那些上课动脑思考过的同学进一步加深了对知识的理解，这是一个由表及里的过程——听是"表"，思是"里"。所以，在我看来，上课要以思考为主，笔记没记上不要紧，但是一定得保证脑子跟上。如果不动脑理解老师所讲的内容，题目做得再多，笔记记得再好，也是白搭。

　　由此可见，在听课时积极思考、听思结合是多么重要。那么，还有什么好方法可以帮助大家做到"听"与"思"相结合呢？在一线任教多年的孟老师给大家提供了这样一个方法——填表听课法。比如，在学习《济南的冬天》一文时，孟老师要求同学们先列出一张表格。

作者简介	文中所用的拟人手法	中心思想及感情	用自己的话描述济南的冬天

这是一张一目了然的听课表格，同学们通过这张表，便能一边听课一边思考了。比如，当老师介绍作者时，我们可以思考一下老舍的其他作品，他在文坛上的地位是怎样的；当老师提到拟人手法时，我们可以想一想文中哪些地方用到了这一手法，有什么作用，文中还有哪些修辞手法；当老师要求总结课文时，我们可以联系到作者写这篇文章的时代背景和个人经历。这样一来，概括出来的中心思想和作者抒发的感情相对来说就饱满多了。经过一番思考，再根据自己的总结把相关内容填入表格，这时，我们就会发现，其实，一边听课一边思考并不难。运用这种方法，我们一定可以听好课。

此外，同学们在课堂上还可以进行积极思考。

（1）超前思考，比较听课。上课不仅要跟着老师的思路走，还要力争走在老师思路的前头。例如，老师刚提出一个问题，自己就应主动去寻找答案，然后和老师的答案进行核对。自己想对了，老师再一讲，就记得更牢；想不出来，或和老师的答案不一样，再听老师的讲解，自己的理解也会更深刻。

（2）从老师的讲解中舍弃那些非本质的表面材料，去粗取精，归纳出老师所讲内容的梗概，领会老师讲解的要点，并使这些内容与自己原有的知识结构融为一体。

（3）揣摩老师讲解的意图。弄清老师是在陈述一件事，还是在说明一种物；是在抒发某种感情，还是在发表某种议论；是在探讨某个问题，还是在提出某种疑问。

（4）体会老师在讲课过程中提出的有益的学习方法，并寻找合适的机会灵活运用，以提高自己的学习效率。

所以说，同学们不要认为上课就是听讲，只带耳朵就行了，记得还要让你的大脑运转起来。

014
当堂知识当堂消化

听课既是一个态度问题，又是一个方法问题。但无论如何，一定要抓住课堂这一学习的主战场。课堂上不能听老师讲完、记完笔记就算了，要坚持"当堂知识当堂消化"，这一原则对同学们提高听课效率非常重要。

状元经验谈! 我们的好方法

刘梦非 　　　　吉林省高考理科状元

　　听课时，我们要同时运用眼、耳、脑。眼，要注意看老师写在黑板上的东西；耳，要尖，要善于发现老师提出的重要观点，听出同学提问的难易；脑，要牢记主题，以适当的速度进行思考，并注意培养判断能力。在老师板书时，同学们应抓紧时间把概念记上几遍，在记的同时找出该概念中的关键词，并思考一下对关键词有可能出现几种误解，此时可根据概念给自己出题。

👤 **孙嘉玮**　　　　　　　　湖南省高考理科状元

　　上课的时候我经常会遇到这样的情况，当老师讲完某个知识点以后，我总感觉自己理解了，可是当我自己单独去做练习题的时候却又屡屡出错。后来我才发现，我所谓的理解仅仅停留在表面上，实际并没有完全消化老师所讲的知识点。于是，我就要求自己针对某个定理或者概念多问几个"为什么"，比如，这个定理是怎么得出来的，它有哪些应用，老师今天所讲的内容与之前的知识有着怎样的联系，等等。事实证明，这个办法让我学习时感到轻松了很多。

　　大发明家诺贝尔曾语重心长地教导孩子们说："没有比在课堂上与老师交流更重要了——把握住这45分钟，胜过独自埋头学习10天。"可见听课的重要性。会听课的同学总能抓住课堂上的45分钟，眼耳手脑一齐上阵，源源不断地把宝贵的知识输入自己的知识宝库。但是，很多同学上课只是盲目地听老师讲解，目标不明确，精力不集中，听课时常常处于被动的状态。这样，学习成绩只能一塌糊涂。

015
听课流程也需要安排

一节课45分钟，一天好几节课，同学们要想每节课自始至终紧张、专注地听讲，进行高效的记忆，说实话也很难。很多同学在开始上课时还能集中精力，可往往上到一半就开始走神，结果，老师深入分析和讲解的知识都没有认真听，导致最重要、最关键的知识没有记住。那我们该怎么办呢？

状元经验谈I 我们的好方法

> 👤 景源
>
> 黑龙江省高考文科状元
>
> 对于很多同学上课能听懂，可课后做习题时又觉得抓不住要点这个问题，我认为：除了注意力不够集中之外，就是听课时没能抓住老师讲的关键内容，没有记住老师讲的重点知识。听课时，你虽然不可能把老师所讲的每一句话都印在脑子里，但老师所讲的这节课的关键内容你一定要记住。当我发现了这个问题以后，及时调整了听课策略，结果学习成绩有了显著提高，最终考上了梦寐以求的大学。

张子琦

江西省高考理科状元

据研究，人的注意力一般持续时间是十几分钟，一节课45分钟，要一字不漏地听讲，既没有可能，也没有必要。因此，听课也要学会用巧方法。听到要点、重点、难点和疑点时，要全神贯注、专心致志，其他时候则可以稍微放松一下。这样在听课中保持注意力有张有弛，用脑效率高，比整节课都高度注意、过分紧张地听课，效果会更好。

胡佳胤

湖南省高考文科状元

上课时，是与老师合作进行学习，只有针对不同老师的讲课特点，采取不同的听课方法，才能把每一节课都变成自己学习知识的舞台。因为在多数情况下，老师讲课是根据教材本身的知识结构展开的，我们若把自己预习时理解的知识逻辑结构与老师的讲解过程进行比较，便能提高听课的效果。所以，我在上课时会根据不同老师的讲课风格，灵活地调整自己的听课思路。

听课时不能忽视课程的起始和结束时段，这并不是说同学们在课堂的中间时段就可以心不在焉。恰恰相反，中间时段是十分关键的。所以，我们需要学会总结老师讲课的各个环节与流程，中间时段要高度专注，起始和结尾时段也不能忽视，但神经不用那么紧绷，可以以轻松的心态去听讲，使我们的记忆做到张弛有度，从容高效。

45分钟的听课流程可以大体分成三个时间段。

1. 起始时段

此时段一般是七八分钟。老师会根据本节课要讲内容的提要，复习上节课的主要内容，为本节课做知识准备。同学们应根据这一时段的特点，在复习之前的内容时，调整注意力与状态，轻松跟随老师的思路；要明确老师的教学目的，注意哪些内容可能会跟下面的重点、疑难点密切相关，从而顺利进入下一流程。

2. 中间时段（高潮时段）

本时段为25~30分钟，也是听课的高潮时段。老师将从知识的"点"开始，从点到线再到面地阐述和讲解本课的主要内容、疑难之处，同时用板书或口述的方式并结合例题，展示对知识的具体运用。这时，同学们应当以最佳的状态，积极主动地理解与记忆老师所讲解的内容，充分体会前后知识的关联，将主要知识点与一般内容区分开来，并要特别专注地听老师讲解疑难之处。

3. 结尾时段

本时段约为10分钟。这时候老师一般会对本课内容进行总结，然后对下一堂课做一些铺垫和引导，并布置课后任务与作业。

同学们还可以根据不同科目、不同老师的讲课特点，自己总结出有效的听课流程。这些学习秘诀，将会使你的学习变得轻松、有效！

016
掌握**课堂注意力**的转换

大家都知道，听课时要全神贯注，但我们很难保证一堂课自始至终都高度集中注意力。心理学家曾就听课时间的长短，对高一的100名同学（50名男生，50名女生）进行了调查，结果发现他们的注意力一般只能持续20～25分钟，超过这个时间注意力就会下降。由此可见，注意力的可持续时间与正常教学中一节课的45分钟之间产生了一定的矛盾，大家的确很难保证一堂课自始至终都高度集中注意力。这时，我们就要掌握课堂注意力转换的方法。

状元经验谈I 我们的好方法

 商恒

天津市高考理科状元

上课铃一响，我们就要通过回忆，迅速把旧课和新课联系起来，以便进入学习状态。预习了的同学，就可以带着预习时的问题上课，由于上课有了迫切需要解决的问题，有了具体的学习任务，就会积极主动地去听讲、去思索了。学习"兴奋"一旦形成，其他事情就不易"侵入"，"走神"也就不易发生了。

范海霆　　宁夏回族自治区高考理科状元

　　上课的时候，老师总是从一个问题讲到另一个问题。如果你第一个问题没听懂，不要钻牛角尖，可以先放一放，接着往下听讲。有钻研的精神是好的，但老师的课堂教学有很强的时间限制，如果你一个问题没听懂，就拼命地想，老师下面讲的内容就学不到了，这是一种注意力不能及时转移的"走神"现象，在同学们中普遍存在。为了避免出现这种情况，一旦遇到一时听不懂或需要进一步思考的问题，可以先记在笔记本上，等下课之后再去思考。

　　有的同学不重视注意力的调换，一堂课下来往往觉得很累。也有的同学转换注意力以后，不能随着老师的节奏重新回到原来的学习状态中，如老师已经停止实验操作开始讲授新课，而这些同学的注意力仍停留在已做完的实验上，或是停留在老师安排的某些有趣的课堂插曲上，即不能根据新的学习要求，主动地将注意力从一个对象转移到另一个对象上。

　　可见，跟着老师的节奏有效地实现注意力的转换，是一种十分重要的课堂学习技巧，这一技巧需要循着如下途径进行训练。

　　（1）当老师的讲课内容新异刺激的时候，自己应尽可能融入这一刺激所创造的情境中，获得对这一刺激的鲜明印象及轻松愉快的心境。

　　（2）随即开始思考这一刺激所蕴含的原理，并使之与本节课的主题发生联系。

　　（3）告诫自己，新异刺激之后，就要开始关键知识的学习了，一定要集中注意力，跟上老师的节奏。

　　关于注意力的转换，河北省石家庄一中的高峰同学提出了他的看法，他注意到大部分同学听课是"前紧后松"，前半节课尚能集中注意力，到了后半节课往往不自觉地开始松劲。而课堂教学的内容往往相反，后半节才是重头戏。所以，高峰同学提出了一个解决矛盾的办法：听课不妨"前松后紧"。

他说："那些在预习时很容易理解和掌握的地方，老师讲到时不必全神贯注，让脑子放松一下，往后翻翻课本，或许会有新的收获。整整一堂课让脑子紧绷着一根弦，一般人都是受不了的。"

老师上课时基本上一开始是回顾之前所讲内容，并引入新的内容，这些往往比较简单，接下来才是较深入的分析和讲解，这些才是最重要的东西。可偏偏这时候不少同学已经心不在焉了。因此不妨反其道而行，刚上课时先放松一点儿，后半节课再紧张起来。

017
听课要抓住关键内容

　　同学们都在听课，为什么有的同学学习效果很显著，有的同学却不见成效呢？有很多同学说："我上课能听懂，可课后做习题时又觉得抓不住要点。这是为什么呢？"其实，这主要还是方法问题。听课时你虽然不可能把老师所讲的每一句话都印在脑子里，但老师所讲的这节课的关键内容你一定要抓住。

状元经验谈I 我们的好方法

👤 龙麒伊　　　　　　　　　　浙江省高考文科状元

　　过去，我在学习中常遇到这种情况：上课听讲时都懂，可课后做习题时又觉得抓不住要点。后来我找了原因，发现自己上课听得不仔细，没有抓住老师所讲的关键内容，没有领会老师某些话的深刻含意。比如上政治课，我听过就算了，不去领会老师为什么要讲这些、要说明什么问题、是怎样说明的，以及这个问题的要点是什么。这样一堂课下来当然抓不住要领了。

罗瀚宁　　　　　　　安徽省高考文科状元

　　课堂上，回答不同类型的提问要采用不同的解答形式。如简答题，用简洁明了的三言两语回答即可；分析题，就要做具体的分析、阐述；描述题，回答时要力求生动、形象；实验题，先要动手实验，得到结果后再回答；计算题，条理性要强，并要重视推理；证明题，逻辑性要强，证明过程的每一步理由要充分。

妙盈　　　　　　　　上海市高考文科状元

　　课堂上，同学们在同一间教室里拿着同一本教材听同一位老师讲课，大家的智力也差不多，为什么有的同学能将知识全部消化掉，收获多多，而有的同学费了很大的劲儿却依旧听得稀里糊涂的呢？其中的一个原因就是，他们没有抓住老师讲课的关键内容。换言之，抓住了一堂课的关键内容就相当于抓住了一节课的核心，听课效率自然也就高多了。

　　一般来说，老师讲的内容都要听，但有时老师为了照顾不同层次的学生，采取不同的方式讲不同层次的内容。这时，同学们就要根据自己的实际情况有重点地听，即抓住对于自己有重要意义的关键内容来听讲。

　　具体而言，听讲的关键内容主要有：

　　（1）基本概念、基本原理、基本关系式等。
　　（2）老师补充的重要内容。
　　（3）老师点出的学生最容易混淆和出错的地方。
　　（4）预习时未完全弄明白的学习内容。也就是说，上课时要紧跟老师的思路，等老师讲到关键处时，要特别留心，紧抓不放。

　　那么，我们该如何抓住听课的重点呢？

首先，我们要根据课前预习的情况，重点去听在预习的时候没有弄懂的部分，仔细听老师的讲解，争取把疑难点解决掉。

其次，我们要抓住老师讲课内容的重点，要善于捕捉老师所讲内容的"关键"信息，如定义的阐释，公式、定理的推导，解题的方法，等等。老师在讲课时强调的，在板书中用彩笔勾画的，以及直接要求同学们注意的，都是重点知识，必须重点关注。

另外，我们必须要注意：在抓课堂重点时，一定不能忽略和轻视老师讲课的开头和结尾。有的同学在听课时，常常忽视开头和结尾，错误地认为，开头语不是"正文"，可以不听；结束语则是"正文"的"重复"，既然前面已经听过了，就可以不用再听了。因此，他们在上课开始和结束时经常心不在焉。这就大错特错了。

老师讲课的开头，虽然往往只有几句话，却是整节课的提纲。我们只有抓住这个提纲去听课，才能弄清楚下面的内容，才能知道应该做什么，该按照怎样的步骤去做。结尾的话虽也不多，却常常是一节课的提炼和复习时的重点，不容忽视。而且，老师讲课的开头和结尾一般是相互照应的，它们对听课具有启迪、点拨的作用，一定不能忽略。这也是很多优秀学生听课时感觉轻松的一个小窍门。前文我们提到过，一节课的起始和结尾，同学们可以以轻松的心态去听，需要注意的是，"以轻松的心态去听"不是说可以不听，也不是心不在焉地去听。

018
提高听课效率的四个关键

　　在听课时，有的同学只注重老师讲的知识，而没有注意老师讲的学习方法。这样是一种低层次的、质量不高的听课方式，应予以摒弃。北京大学流行一句话：我们要的是方法而不是结果，只有掌握了方法，我们才能"擒获"更多的知识。

状元经验谈I 我们的好方法

🗣 刘倩莹	北京市高考理科状元

　　很多同学可能没有意识到，上课时，老师常有针对性地介绍学习方法，有时又寓学法于讲解、归纳、演绎、分析、综合、解题之中。对我们来说，一定要有意识地捕捉这些解题、分析教材、记笔记、总结、系统归类、对比、演示、变式等技巧。这些内容对我们来说都是无价之宝，可惜有的同学偏偏把它们都放弃了。我们应当在听课时把这些感受、收获记录下来，使自己既获得了知识，又学到了方法，这样才能有效地提高学习能力。

陈博雅　　　　天津市高考理科状元

　　听课对我们的学习有着非常重要的作用。课听得好不好，直接关系到大家最终的学习成绩。听课时，应注意学习老师解决问题的方法。我们如果理解了老师的解题思路和分析过程，那么后面的结论自然就得出来了，学习起来才能够举一反三、事半功倍。

唐国桥　　　　重庆市高考文科状元

　　能够从中等生变成高考状元，除了刻苦努力外，我的学习方法当然也让很多人感兴趣。其实并没什么，我最重要的经验一句话就可以概括——上课认真听讲。听课首先是态度问题，从高二下学期开始，我每节课都全神贯注地听老师讲课，争取把新的知识点在课堂上就完全吸收。然后每天晚上回家，都要回想一遍当天学的内容，想一想有什么地方还没有弄透。渐渐地，我发觉自己的学习效率非常高。有很多同学课堂上听课并不认真，一心想用课后的时间和勤奋来弥补，我觉得这其实是本末倒置了，因为错过了课堂上第一时间对知识的理解和吸收，有的东西以后自己理解起来就很费劲。

　　在上课时，老师一般都是按照教学大纲来讲，不会也没有时间专门进行学习方法的讲解。但是，老师会在讲解某一具体知识或例题时，将学习方法融入其中。不善于听课的同学学到的仅仅是知识点，而善于听课的同学往往会弄明白事实是怎样证明原理的，例子又是如何说明概念的，论据是怎样证明论点的，并将老师讲解的这些方法牢牢掌握。

　　因此，同学们要想提高听课效率，就要把握住以下四个关键。

1. 听要点 ✏️

　　一般说来，一节课的要点就是老师们在备课中准备的讲课大纲。许多老师在正式开始讲课之前会将要点告诉大家，同学们要格外注意。例如在学习物理课"力的三要素"这一节时，老师会先列出力的三要素——大小、方向、作用点。这就是这一堂课的要点。把这三点认真听会了，这节课的内容就基本掌握了。

2. 听思路

思路就是我们思考问题的步骤。例如老师在讲解一道数学题时，我们首先要思考应该从什么地方下手，其次思考用什么方法，通过什么样的过程来进行解答。听课时关键应该弄清老师讲解问题的思路。

3. 听问题

对于自己预习中不懂的内容，上课时要特别注意老师是怎么解释的这些内容的。如果老师在讲课中一带而过，并没有予以详细解答，大家要及时把它们记下来，下课后再向老师请教。

4. 听方法

我们在课堂上不仅要听老师讲课的结论，而且要关注老师分析、解决问题的方法。比如语文课上学习汉字，一般都遵循着"形""音""义"的研究方向；分析小说，一般都从人物、环境、情节三个要素入手；写记叙文，则要从时间、地点、人物和事情发生的起因、经过、结果六个方面进行叙述。这些都是语文学习中的一些具体方法。其他的科目也有各自适用的学习方法，如解数学题时，会用到反证法、换元法、待定系数法、配方法、消元法、因式分解法等。因此，掌握各个科目的学习方法，才是大家应该学习的重点。

019
有效听课的六大实用技巧

↗

听课是我们学习知识的主要途径，只要抓住了这个中心环节，高效地听课，就可以打一场漂亮的重点、难点、难题歼灭战；反之，平淡拖沓地听课，只会让我们陷入课后无休无止的学习疲劳战。

状元经验谈I 我们的好方法

 唐旭奕

四川省高考文科状元

听课要"打有准备之仗"，即通过预习，增强听课的主动性、针对性，不预习就达不到这一效果。比如，有的同学听课时一直在记录老师的板书，一字不落，抄得非常专注，唯恐跟不上老师的速度。下课后，才发现自己头脑里仍然一片空白，一节课就这样白费了。所以，请同学们一定要记住，听懂是前提条件，不要因为忙着记笔记而忽视了听课。

徐师昌　　江西省高考理科状元

　　我读高中时物理成绩特别好，以至于物理老师发出"特赦令"，告诉我可以不听物理课了。然而，我仍然听得津津有味，大家对此深为不解。我说："我在听知识，也在听思路。论知识，我确实学得很不错了，然而，我分析问题、解决问题的能力，却与老师相差甚远。听课就是在追随老师的思路，发展自己的智力，培养自己的能力。"

邓园　　海南省高考文科状元

　　有的同学，看书时"明白"，听课时"明白"，到了解题时就不会了。其症结在于，听课时只重视结论，而轻视了结论的产生过程。我们只有扎扎实实地追溯结论的产生过程，知识之果在大脑之中才会是丰满的，才可以用它来解决实际问题。

　　总之，我们不应低估了听课在高中学习过程中的地位和作用。这里，让我们把有关的听课技巧和诀窍向同学们一一展示。

1. 符号助记法

　　无论记忆力多么强的人，都不可能把老师讲的话全部记住，听课必须记笔记。无论书写速度多么快的人，也不可能把老师讲的话全部记录下来，这就必须借助符号帮助自己记录，以利于长期记忆。只要自己懂的，自己习惯用的各种有利于记忆的符号都可运用。书中或笔记中的符号不但便于我们复习时查找，而且简明的符号比文字更容易在脑海中留下印象。

2. 要点记取法

　　有些成绩优秀的同学听课，觉得有必要听的就认真听；觉得对自己益处不大或自己早已懂得的，就不怎么用心听，而是做自己的练习。老师讲课，传递给学生的信息是多方面、多层次的，有时候与教材无关，作为学生，我们不可能也没必要全盘接收。只记重点，只记难点，去掉无用信息是应该的、必要的。因此，抓住要点听和记，比毫无重点地全部听和记，效果要好得多。

3. 主动参与法 ✏️

实践证明，凡是经常积极举手发言的学生，学习进步特别快，成绩也较好。在课堂上积极举手发言有哪些好处呢？一是有利于提高语言表达能力；二是有利于加深对知识的理解和记忆。课堂听课，一定要积极参与，主动地学，脑子随着老师的教学思路转，这样可以使注意力高度集中，听课效果更好。

4. 目标听课法 ✏️

上新课前预习时，发现不懂的问题要记录下来，上课时带着这些问题听课，目标明确，针对性强。预习时弄懂了的，听一遍等于复习了一遍，加深了印象。预习时不懂的就应特别认真地听、仔细地听。如果老师讲了还是没弄懂，你还可以在课下及时提问，让老师再讲一遍。有一定目标地听课，往往比漫无目的地听课效果好，能帮助你解决大问题。

5. 质疑听课法 ✏️

"质疑"即提出疑问。听课时，对自己思考过，但未明白的问题可以及时举手请教；对老师的讲解、同学的回答，有不同看法的，也可以提出疑问。这种方法也可保证你听课时始终集中注意力。

6. 存疑听课法 ✏️

听课时，对疑难问题，不一定要马上打断老师的讲课来提问，可以暂时记下来，待下课后再思考或请教同学、老师。这样做，既不影响老师的教学计划，也不会因个人纠缠某个问题而耽误大家的时间，还可以促使自己深入钻研问题，养成独立思考的好习惯。

020
听习题讲评课要**抓住六个方面**

　　很多老师都爱讲习题，有时还专门上习题讲评课。那么，同学们如何才能从这种"讲题课"上学到东西呢？

 状元经验谈| 我们的好方法

> **文秋林**　　　　　　　　　　　贵州省高考文科状元
>
> 　　在习题讲评课上要防止自以为是的现象，不要先入为主地认为讲评课没什么好听的，认为自己反正会做了，听不听一个样，这样想就错了。其实，老师在讲评课上一般都不会为了讲评而讲评，而是通过讲评，一方面讲清该题的解题过程和方法，另一方面进行适当的知识迁移和联想。只要有心，通过认真听老师的讲评课，也可以学到许多知识和方法。

阮秋剑 　　　　　　　重庆市高考文科状元

课堂上老师讲评习题时最好听老师讲，跟着老师的思路走，边听边思考，效果会更好。如果自己做自己的，课堂上的氛围会干扰你的思路，你将无法集中精力做自己的事，还要排除其他声音对你的影响。如此一来，你既没有听到老师所讲的内容，自己学习的效果也很差，这样自然是不划算的。

在上习题讲评课时，往往存在着"我讲你听"的现象，老师滔滔不绝地讲，下面的学生听得昏昏欲睡，习题讲评课的效率常常比较低下。其实，习题讲评是培养学生学习能力、提高学生素质的有效途径，在学习生活中占有重要地位。因此，同学们千万不要因为这些题看似自己会做了，就在老师上讲题课时做自己的事情，那样你将少学到很多东西。一般来说，大家应注意以下六个方面。

1. 整理笔记

把老师讲的新知识或你自己在听讲解过程中想到的新问题整理出来，简要地写在笔记本上。

2. 回忆知识

对于老师在讲评时提到的知识点，看看自己能否及时想出来。若不能，课外就抓时间复习巩固。听课时，要跟着老师的思路走，这样才能跟上老师的节奏，及时回忆学过的知识。

3. 拓展思路

老师讲评时，自己要先想一想该题如何做，然后看老师的解法和自己的解法是否相同。如果相同，再想一想是否还有其他解题方法；如果不同，想一想自己的解法是否站得住脚。

4. 听老师讲分析过程

听一听老师是怎样分析、怎样求解的，想一想自己为什么有时想不到，想一想老师分析时所依据的知识和原理。

5. 看并想老师板书的解题过程

看老师是怎样写解题过程的，想想自己是否也能这样写，想想老师写的解题过程是不是有漏洞。

6. 分析错题的原因

自己做题时答错的题目，课堂上要认真听老师的讲解，分析自己错在了哪里，并及时加以更正。

上完习题讲评课后，同学们要对老师讲的内容进行消化、巩固，彻底弄清楚自己做错的题，真正弄懂自己没有掌握的知识点，并在消化的过程中提出和解决新的问题，从而达到反复强化巩固所学知识的目的。

老师提问的时候正是思考的最佳时机

　　老师所提的问题，往往是相关知识的重点、难点或同学容易出错的地方。由于老师提问的时候是锻炼自己、促进自己思考的最好时机，所以这个时候就要开动脑筋，快速思考，踊跃发言。回答正确，是对自己掌握知识的肯定；回答错误，自己存在的问题暴露出来也更有利于及时巩固。当别的同学发言时也要注意听，边听边分析，对的地方积极吸取，不够完善的地方随时准备补充。

第3章

课堂笔记：
强化听课效果的撒手锏

很多同学认为，老师讲的内容课本上大多都有，课本上没有的内容教辅资料上也有详细的归纳，所以没有必要记课堂笔记。我明确反对这种观点。依我的教学经验，那些成绩优秀的状元往往都是做课堂笔记的高手。那么，记课堂笔记有哪些好处，课堂笔记又该如何记呢？我们又该如何用好课堂笔记呢？一起来听听状元们是怎么说的吧。

021
笔记是听课的**组成部分**

在平时的教学过程中，我发现：有的同学上课注意力不集中，老是走神，不能紧跟老师的讲课思路；有的同学上课专心听讲，注意力很集中，老师讲的东西都听懂了，可是一到课后好多东西又都忘记了。这可怎么办呢？

状元经验谈I 我们的好方法

 龚洁艺　　　　　　　　　福建省高考文科状元

　　我的笔记本比课本都重要！有些同学认为，反正老师讲的是同一内容，其他人记了，我就不用记了，下课去抄就行了。这是给自己的懒惰找借口。笔记可以加深对老师讲课内容的理解并使自己的注意力集中，如果不记笔记，上课的效率就会大大降低。况且，由于不同的人对同一问题的理解不同，记笔记的角度和方法也都不同，所以笔记的内容也不一样。试想，你拿着这样的笔记，如何能提高学习成绩呢？

曹林菁 　　　　　河南省高考理科状元

　　高三学习时间紧张、压力大，我认为，只要利用好课堂时间，这些问题都是可以解决的。获取知识最多的时间还是在课堂上，课堂上认真听老师讲课、认真做笔记，课下只要有针对性地做些习题就可以了。

龚恬 　　　　　江苏省高考文科状元

　　有的同学比较懒，自己在课堂上不愿做笔记，下了课去抄别人的笔记。这是一种很不好的习惯，不利于锻炼自己的总结归纳能力，只有自己做笔记才会有更好的学习效果。记课堂笔记不能完全照抄，要根据老师的板书总结出新的方法、找到新的问题，要找到适合自己的记录方式。

何思雨 　　　　　河北省高考文科状元

　　听课并不仅仅是很认真地听老师讲解，不做其他事情，而是应该及时地做好课堂笔记。即使课堂上听明白了，也不能犯懒，一定要记好课堂笔记。要详细地记下知识的重点、难点和疑点。最好用不同的符号标注出自己的理解程度，对不懂的或者掌握得不牢的内容，课下记得立即吃透，坚持"当堂知识当堂消化"这一原则，复习时就会轻松很多。

　　听课是获取知识的主要途径。要获取老师课堂上传授的知识，不仅要认真听讲，还要认真做好课堂笔记。可以毫不夸张地说，做课堂笔记是整个听课过程的重要环节，只有抓住了这个重要环节，才能有效地巩固课堂所学内容，提高听课效率。

　　俗话说："好记性不如烂笔头。"实践证明，成绩优秀的同学大都有记笔记的习惯。记笔记是听课的一个组成部分，并且是关键部分。记听课笔记不仅对我们课后巩固、阶段复习大有益处，还能帮助我们集中注意力听课，养成良好的听课习惯。

具体来说，记听课笔记有如下好处。

（1）记笔记能够使学生在听课时保持一定的紧张度，把注意力集中到课堂上，保证自己紧跟老师的讲课思路。

（2）老师在讲课中讲到的一些课本上没有的东西，如课文的中心思想、写作方法、解题思路和方法技巧、学习经验总结、典型的事例（题例）等，把它们记下来，不仅能增加知识积累，更有助于提升自己的学习方法。

（3）通过记课堂笔记，帮助学生将课本上丰富、复杂的学习内容提纲挈领地串联起来，不仅能帮助学生理解、巩固课本知识，还有利于促进学生整理自己的学习思路，更好地复习总结，掌握学习内容。

（4）一份好的课堂笔记，是课堂知识的精华，可以让学生将课本内容读薄，减少了他们的机械记忆量。

另外，记笔记可以为以后的学习打下基础，培养良好的学习习惯。总之，如果我们能适当地做好课堂笔记，就能收到良好的听课效果。记住，千万不要在身边的同学边听边记边思考的时候，自己三心二意，左顾右盼。

022
课堂笔记应该记什么

　　课堂笔记应该记什么？这是同学们记好笔记最基本也最关键的问题。有些同学做笔记就像在速记，把老师讲的，黑板上写的、画的全都抄了下来，一堂课下来，洋洋洒洒记了不少，但哪些是重点却懵懵懂懂，使课堂笔记失去了它应有的作用。

状元经验谈| 我们的好方法

> 👤 **尚鹏**
>
> **上海市高考理科状元**
>
> 　　说起我的学习窍门，可能有点儿老套，就是上课认真听讲。同时，我比较注重记课堂笔记。在同学眼中，我的笔记与其说是"课堂记录"，不如说是一本"百科全书"。大家很喜欢借我的笔记去看。有时我会想：自己的笔记究竟好在哪里？可能是我比较善于抓住老师一笔带过的内容，将它们记录下来。在我看来，除了一些基础内容、重要知识点外，老师上课讲的题外话也很重要，它会影响学生综合素质的发展。另外，在课后我会把一些课外阅读的内容补充到笔记中。

吉淳

江苏省高考文科状元

　　课堂笔记反映的是老师讲课的重点、难点和疑点。通过课堂笔记，我们可以掌握思考问题的方法，以及老师的讲课技巧和次序，而这些在教材和参考书中都是难以找到的。因此，我们必须明确听课和自学之间的区别，这样才能抓住老师讲课的重点、思路，特别是老师提出问题、分析问题、解决问题的思路，这些都是做好课堂笔记的出发点和落脚点。一般来说，老师讲课的要点、基本论点，对公式的解释、说明、推导、总结，一些基本观点的论点、论据、论证，以及一些有价值的数据和事实、典型的实例，都可以简明扼要地记录下来。

李卓雅

湖北省高考文科状元

　　记课堂笔记是为了学，为了懂，为了用。记课堂笔记的前提是不能影响听老师讲课。因此，我们在做课堂笔记时，应把握一定的时机，尽量做到"边听、边想、边记"。一般来讲，做笔记的时机有三个：一是老师在黑板上写字时，要抓紧时间抢记；二是老师讲授重点内容时，要挤时间速记、简记；三是下课后，要尽快抽时间去补记。

王伟宇

吉林省高考理科状元

　　我的学习方法其实是比较简单的。上课时注意听讲，把老师讲的重点记录下来，如果来不及记笔记，就必须先写重点，不能因为记笔记而落了重点；自习课做好作业后，钻研些难的题目，或者阅读一些书籍，其他时间则按照自己的兴趣爱好来安排。选择适合自己的学习方法很重要，如果学习成绩得不到提高，就要及时调整自己的学习方法。

　　从以上高考状元们的学习经验中，我们不难看出：做好课堂笔记，是提高学习效率的重要方法之一。那么，课堂笔记应该记哪些内容呢？

1. 记下老师的讲课提纲（或板书内容）

这包括讲课内容的重点、难点，知识结构及其相互关系，要力求准确。数学、物理、化学课上要记老师对概念的解释，知识点之间的联系、区别和应用，对教材某些内容的归纳总结，解题的思路和方法技巧。语文课要记课文的时代背景、写作特点及一些关键的句子。英语课则应记下词汇的各种用法和区别等。

2. 记下老师讲课中有启发性的观点及典型事例

老师反复强调的重要问题、学生容易搞错的地方，在分析问题过程中老师在黑板上画的图形、表格，写出的文字说明、关键词、有说服力的数据，以及老师独到的见解，一定要尽量记录下来。

3. 记下个人的学习心得

在听讲过程中自己对解决某个问题有启发意义的思考，产生的思想火花，不同的解题思路和方法，特别是最简便易行的解题办法，都可以记录下来。另外，简要记录还没有听懂的问题，以便课后把它弄清楚。

4. 记住课文的大小标题，尽量压缩文字，记住重要词语

听讲过程中在课本上随时用自己熟知的不同符号、彩笔，标示出重点、难点知识，锁定学习目标，有利于课后复习时引起重视，达到掌握重点的目的。

023
课堂上要有选择地做笔记

据我了解，不少同学都感觉在处理笔记与听讲的关系时会顾此失彼。其实，把听课变成"听记"是最不合算的，不如简单地记一点儿笔记，把重心放在听讲上。

状元**经验谈**| 我们的好方法

> 👤 刘琦　　　　　　天津市高考文科状元
>
> 在上课时，有的同学喜欢把老师解题的过程一字不漏地抄写下来，这往往造成了只顾抄写而忽略了分析，只接受结果而忽略了思路方法的问题，老师讲解的例题自然就起不到应有的作用。我的习惯是抄完题后，先听老师的思路，听老师是怎样认识题、分析题，又是怎样把题目与所学过的知识联系起来的。听完这些，把握了总体的脉络，再记下答案，课后复习时依照所记的分析，自己把题做出来，再进行归纳总结，效果挺好的。久而久之，这样积累下的思路方法就成了自己的，运用起来得心应手，这可绝不是抄几道例题就能得到的。

王鹏宇　　　　　　陕西省高考理科状元

为了不使笔记成为"录像带"，必须把在课堂上听到的、看到的，通过大脑思考，进行初步的分拣：哪些该记，哪些不该记；哪些听懂了，哪些还没有听懂，或者似懂非懂，这些都要在笔记本上标上记号。这样既有利于提高听课质量，又有利于课后复习。

杜京良　　　　　　江西省高考理科状元

分类抄录经过整理的笔记也非常重要。将同类的知识，摘抄在同一个本子上或一个本子的同一部分，也可以用卡片分类抄录。这样，日后复习、使用就方便了，按需所取，纲目清晰，快捷好用，便于记忆。

张泽　　　　　　　安徽省高考理科状元

经过反复实践，我摸索到正确处理听、记关系的方法，这就是：听和记，以听为主，记服从于听。在认真听的基础上，抓住重点和难点，有选择地记，把"听"和"记"有机结合起来，做到"听"得完全、"记"得精练。

上课时要有选择地记笔记，做到重点突出、详略得当。记课堂笔记最忌不加选择，像速记员那样，老师讲什么就记什么。应把注意力集中在老师讲授的重点、难点和自己听讲时产生的疑点上。为此，应做好课前预习，了解新课的大体内容，明确其重点、难点，找出弄不清楚的问题，以便带着问题听讲和参加课堂讨论，并为确定记录的内容打下基础。

例如，老师讲的与课本内容基本相同的，可以少记，主要记补充内容；老师讲的与课本内容思路差异较大时，应多记，把老师的思路记全；对难度较大、一时还难以理解的地方，可少记或做记号，集中精力听讲，在笔记上留出空白，以便课后补上。

总之，上课时最主要的任务就是听讲，千万不要把自己变成"抄写员"。

一般来说，同学们应把注意力集中在以下几个方面。

1. 记提纲

记好提纲，可以帮助我们厘清老师的讲课脉络，从而更好地把握所学内容。

2. 记思路

思路就像航海时的航标灯，有了思路，我们自然也就有了前进的路线和方向。比如，我们在记录难题时就应该把思路记得详细些，以方便以后的复习和思考。

3. 记重点

讲课时，老师一般都会把重要内容框出、画出，或者用彩色笔写出以引起我们的注意。明确了重点，我们记录时就能做到详略得当了。

4. 记补充

在教学过程中，老师经常会补充某些例题或用恰当的比喻来引入概念、突破难点。有的会让我们恍然大悟，有的则会让我们回味无穷。记下老师补充的内容，用的时候就可以信手拈来。

5. 记感悟

感悟分很多层次，可以从学习每段内容的体会开始，有则多写，无则少写，然后对有关方法进行归纳总结，并进行点评、回顾。

024
记课堂笔记要因"科"制宜

　　谈到课堂笔记，我认为记课堂笔记的形式要因科目而异，不能把一种笔记方法运用到所有的科目中。作为学生，其实每个人都可以通过长期坚持，摸索出适合自己的一套记录课堂笔记的方法。

状元经验谈I 我们的好方法

> ### 👤 刘宇
> **内蒙古自治区高考理科状元**
>
> 　　我在学习上其实没有什么窍门，主要是认真听讲。不过我喜欢记课堂笔记。在记笔记方面我是一个特别会"钻空子"的学生，我会抓住三个时机进行记录：老师在黑板上写字时，抓紧这一机会抢记；老师在讲授重点内容时，要抓紧时间速记；三是下课后，对课堂上简记的笔记进行补记。另外，在我看来，做课堂笔记不是单纯地把老师上课讲的知识记下来，为记而记，而是要根据自己的学习情况及科目的不同，有重点、有针对性地记，并不断改进方法，使课堂笔记更好地为自己听课和复习服务。

👤 李泰伯

北京市高考理科状元

课堂笔记主要是记老师关于教材中重点、难点的分析阐述和对某些内容的归纳总结，以及老师的解题思路或者独到见解。特别是对于自己不理解的地方，以及老师的讲解与自己的理解不一致的地方，更需要记下来，以便课后研究比较。这样记笔记印象最深，收益最大。

👤 冯锐

宁夏回族自治区高考理科状元

尽管我是个理科生，但我一直都有记课堂笔记的习惯。不过，记笔记的形式要因学科而异，充分体现各学科的特点。一般地说，英语课、语文课的重点词语、句型，直接记在书页上即可，这样做既能节省时间，又便于复习时查找；数学、物理、化学主要记老师解题时的新思路，补充的定义、定理、公式及例题；政治、历史则着重记老师对问题的综合阐述，以便加深理解，加强记忆。

由此可见，不同学科的课堂笔记记录的内容和方法各有不同，例如文科的笔记要记得详细一些，数理化学科的笔记则记得相对简略一些，但逻辑性要强。那么，针对不同学科，我们又该如何有重点、有针对性地记笔记呢？

1. 语文 ✏️

（1）记录老师对作家、作品及写作背景的介绍。同学可以只记录老师板书的文字。

（2）记录解词。初中老师往往把解词写在黑板上，或事先写在小黑板上，同学们可在课上或课下把它们抄写在笔记本上。高中老师往往只写词，不写解释，同学们不仅要记录老师讲解的词语，还要简明扼要地记下老师的解释。

（3）记录老师对作品结构、写作特点的介绍。这些内容很重要。老师的板书往往起到提纲挈领和突出重点的作用，学生应全部照抄在笔记上。

2. 数理化、生物 ✎

（1）记录书上没有的定理、定义、公式、法则或老师补充的其他提法、说法。书上有的，同学们可在听课的过程中，在教材上画重点线。

（2）记录老师的解题步骤、提要、注意事项、解题的思路、技巧，以及有助于解题的其他问题。

（3）记录老师在黑板上演示的例题。书上有的，不必记。书上没有的，可分两种情形：一是同学们已经理解了的，不必记；二是理解得不好的，或者没有理解的，或记下例题，或记下疑难点，或把老师的讲解全部记下来，方便课后向老师请教。

3. 政史地 ✎

（1）记录老师的讲授提纲。讲授提纲往往都写在黑板上，应全部抄写下来。

（2）记录对理解课文起关键作用的词语。

记课堂笔记除了要因科目而异，还要注意详记和略记。比如，对于政治、语文、生物和部分化学课程来说，详记是最好的方法。这些课程的内容比较散，各部分之间的逻辑联系不是很强，而且各部分内容的重要性比较平均，如果记录不完整，容易产生学起来不连贯、不全面、不系统的问题。对于数学、物理、化学等其他课程来说，略记是最好的方法。这些课程前后内容紧密联系、逻辑性强，公式方程等各种关系式较多，因而只要掌握关键内容即可，其余的问题可由此推出，并迎刃而解。

025
找到最适合自己的**笔记形式**

　　课堂笔记记得没有条理性，是很多同学存在的问题。现在，不少同学都知道课堂笔记的重要性，但不知道课堂笔记的正确形式，往往听到哪儿就记到哪儿，要么三言两语，要么密密麻麻，对课后复习、考前复习较为不利，使笔记失去了应有的效用。

状元**经验谈**| 我们的好方法

👤 马强	黑龙江省高考理科状元

　　记课堂笔记有很多好处，建议大家平时上课一定要勤记各科笔记，上课时听到有障碍的地方要记下来，但要尽量做到简洁明了、重点突出。在做笔记前先要做好准备工作，笔记本是必不可少的。最好给每门课程都准备一个单独的笔记本，不要在一个本子里同时记几门课的笔记，这样会显得很乱。同时，准备两种不同颜色的笔，以便通过颜色突出重点，区分不同的内容。

刘恒宇 　　　　　吉林省高考文科状元

　　我的学习方法就是：课堂上从不浪费一秒钟，一定要紧跟着老师的思路，有选择地记笔记。以前我总觉得做课堂笔记是一件很简单的事，什么都不用想，老师黑板上写什么就抄什么。后来我慢慢明白，这样做好像记了很多，其实什么都没记在心里。总之听课时，应尽量寻求一种平衡，既要记好笔记，又要认真听讲，二者不可偏颇。

谢睿

江西省高考理科状元

　　与别的女生不同的是，我学习理科比较轻松，并且我做课堂笔记也比较讲究技巧。比如，对于自己似懂非懂的内容，在做笔记时我会使用不同颜色的笔，画一些红线、蓝线等突出的符号标注出来；对于"来不及记"的内容，我会先记录关键词，课后再补上具体的内容。

周晨

浙江省高考理科状元

　　在做课堂笔记时，同学们要尽量做到"三抓"，即抓好课前、课中、课后。课前，做预习时，主动做点儿笔记，把不懂的地方标注出来；课中，要根据预习的情况，学会科学、有效地做笔记；课后，则要及时地整理和回顾笔记，建立系统的知识结构。

　　好的笔记让人一看就知道这一节课解决了哪几个问题，重点是什么，难点是什么。这就要求我们：记录内容一定要有条理、有层次，分段分条记录；不要将几个问题掺杂在一段文字中。因此，同学们可采用提纲式或提要式记笔记的方法。

1. 提纲式

　　老师讲课都有一定的条理。他们在讲解知识的时候，总要分成几个问题，一个一个地讲。一个大问题还可能被分成几个小问题，有时一个小问题里又包括几个更小的问题。如语法知识，老师要分为名词的定义、名词的特点、名词的种类等更小的问题来解释。听课的时候，要把握住老师的这种对知识的划分方法，并根据老师讲课的内容编写提纲。如果老师已经板书了提纲或部分提纲，那么，你抄录下来或补充一下就可以了。

2. 提要式

上面谈的提纲还只是一些大标题和小标题。一般来说，老师对标题所做的解释和分析更为重要。因此，要把这些内容记下来，写在每个标题的后面。怎么记呢？当然不能把老师的话全记下来。这样做，既没必要，也不可能。这就要求我们学会写提要。提要就是提出要点，也就是把老师讲课内容的基本精神和重要的地方抽出来，并用自己的话做简明扼要的记录。例如，地理课要讲怎样看地图，其中要讲怎样辨识方向等具体问题，只记下这些标题显然是不行的，还必须把老师讲解辨识方向时提出的"上北、下南、左西、右东"的方法记下来。这样，我们才能真正掌握知识。如果再把老师讲解的"上北、下南、左西、右东"的原因也简要地记下来，那我们就会理解得更深入，记得更牢固。

此外，听完一节课后，同学们最好把自己听课的感想、收获、批评意见，或与自己想法不一致的问题都记录下来。这些记录很重要，它既能帮助同学们整理听课时记录下来的内容，也相当于在把零碎的看法、系统的见解、不同的思维方法等用随感录的形式书写出来。做这样的笔记，可以帮助同学们比较深刻地了解教材的基本内容，锻炼同学们的分析、综合、概括和表达的能力。

026
课本上也可以**做笔记**

课堂笔记一般记在专门的笔记本或活页纸上。但是记在所学课文的知识点处、课本的天头、地脚或课文里，也不失为一种记课堂笔记的好方法。

状元经验谈I 我们的好方法

 赵轶君

甘肃省高考文科状元

　　我的学习方法可总结为八个字：紧跟老师，吃透课本。我从高一到高三都是紧跟着老师的节奏在学，而且不管是什么科目，我都会把课本学透，因为基础知识才是最根本的。比如记课堂笔记，最开始的时候，我喜欢老师写什么，我记什么，老师讲的东西我也会记下来。后来我发现，老师讲的东西基本上是基于教材的，所以我就不怎么做笔记了，直接在教材上面批注勾画。老师补充的东西，主要来自他用的参考书。把教材和那本参考书结合起来，再加上自己的理解，很容易就把课本学透了。

龚泽惠　　江西省高考理科状元

我发现，越是喜欢某一科，这科的笔记越是做得好。我的物理比较好，语文比较差。相比之下，我的物理课笔记记得简直是密密麻麻，但跟语文有关的就是，我听老师的建议做了一个名言警句的收集本。我认为把每一科的笔记记好，是消灭弱科、提高成绩的最好办法。

姜曾明　　江苏省高考文科状元

在课本上做笔记可以使用符号和缩写的办法，建立一套适合自己的书写符号，大大加快记录速度。对于已经（或反复）出现的概念、术语和常用语，可以用自设的特定的符号来替代。比如用"wt"来代表"问题"这两个字；政治中的"马克思主义"，笔记上可简称为"马义"；历史书上的各种长的人名、地名也可在笔记上只用一个字代替。

在课本上记笔记，也叫作批语笔记，就是将某部分的要点、疑问或补充记在书的空白处，如对数学定义、定理、公式的理解，对某些题目解法的概括，等等。做批语笔记要参照老师的板书或讲解来做，应有所选择并简明扼要地书写清楚。

这样做笔记的优点有以下两点。

1. 简便✏

在听课过程中，用专门的记录本记笔记，有时会比较麻烦。老师讲到某处你又要另外记下来，有时难以与老师的教学思路同步。而将该记的知识记在知识点处，或本页的天头、地脚，则十分简便。比如，在语文课题旁边记录老师所讲该文的背景、出处，在作者姓名旁边记作者的生平事迹，在一句话或一个词旁边记录其含义或词义，等等。

2. 实用 ✏️

做笔记的目的是实用，这种实用性表现在理解知识和复习知识中。往往有这种情况：有的知识在学习过程中或老师讲解时并未真正弄懂，有的是似懂非懂，有的是一知半解，还有的是懂了但不会运用。在今后的复习中如果又去翻记录、找笔记，既不方便，又难以对号入座。但如果我们将老师讲的内容记在课本的知识点附近或本页的天头、地脚处，复习时就可以起到及时启示或解惑的作用，增强我们对知识的理解。

总之，在课本上记笔记不失为一种好方法。一般来说，应根据实际情况来选择是记在课本上还是专用的笔记本上。但多数情况下是两方面兼而有之。至于用什么样的记录方式，要因人而异，不管你是记在课本上记还是专门的笔记本上，不管你是正规地书写还是潦草地书写，只要对你的学习有帮助就行。

除了用专门的笔记本和在课本上记笔记之外，还有一种卡片式笔记也非常有效，就是把摘录的内容记在卡片上。与其他笔记形式相比，它的最大特点是灵活。有人称它是"活页"笔记，可合可分，可以随时调整排列。卡片根据不同内容可分为书目卡、论点卡、人物卡、名人名言卡、物品卡、信息卡等。记卡片笔记是积累知识最简便、最有效的学习方法之一。卡片积累多了，就可以在大量资料的基础上进行分析和归纳，综合运用所记知识。

027
课堂笔记要**及时整理**

由于课堂上时间比较紧迫，同学们所做的课堂笔记也许会很潦草或有遗漏，下课后应及时对笔记进行整理、归纳、补充，这样既可以提高听课效率，又能使笔记干净整洁、有条理，还是一种很好的课后复习方式，能够使我们的复习更有针对性，从而收到事半功倍的效果。

状元经验谈I 我们的好方法

 李栋　　　　天津市高考理科状元

课后整理笔记，有人不赞成这样做。我认为这是做好笔记的一个重要环节。这样做，学习效果比多看几遍书要好得多。因为教材较厚，以后复习时要抓住重点比较困难，而根据自己掌握知识的实际情况整理出来的笔记，突出了内容的重点、难点。虽然整理笔记要花去一定的时间，但是整理好的笔记更适合自己阅读、复习。同时，整理笔记的过程也是自己进一步消化、理解课堂上所学知识的过程。因此，花这个时间是值得的。

👤 **杨改慧** 　　　　　　河南省高考理科状元

　　学习是一个技巧活儿，不能蛮干。比如，要想使笔记本变得高效、易用，那么它就必须是相当全面和具体的，应该把各项需要掌握的内容包罗进来。但是，有的同学在记笔记时，是有什么记什么，不知取舍，不懂得分类、归纳，记得乱七八糟，这对提高学习效率毫无帮助。所以，我们应该学一些编辑的技巧。只有经过编辑，才能使笔记条理化、系统化，我们使用起来才有效率。

　　不管课堂笔记做得详细还是简略，整齐还是杂乱，全面还是有疏漏，我们都应当及时在课后进行整理，这是进一步消化课堂所学知识、充分利用笔记的重要环节。整理课堂笔记前，应先复习课堂笔记的内容，然后以课堂笔记为纲，精读课本，参照有关资料整理笔记内容，包括对简化符号的复原，对重要语句、名言、公式、概念的补充，对课堂未听懂或未听清的内容进行核实，以及对不合理的顺序的调整组合，最后达到概念明确、重点突出、条理清楚、便于复习、便于记忆的目的。

　　课堂笔记整理的低标准是将课堂讲授内容系统地吸收，高标准是将他人的知识和自己的知识有机地融合起来，成为自己知识的一部分，进而产生自己的见解和成果。很多学者、作家的论文或专著都是通过笔记逐步整理完成的。因此，课堂笔记整理工作是一个从低到高、从简单到独创逐步发展提高的过程。课堂笔记整理本身带有很大的独创性，不要拘泥于某一规格和模式，要不断创新。

028
整理笔记的基本要求

　　课堂笔记是关于听讲内容的备忘录，是温习功课和考前复习时的最好资料，若方法得当，对记忆和巩固知识则有很大帮助。怎么才能做好课堂笔记，让这份资料成为最好的学习助手呢?

状元经验谈l 我们的好方法

姜麟锟	福建省高考理科状元

　　首先，整理笔记要有时间要求。及时整理是一个较好的办法，它可以帮助我们在印象比较清晰的时候回忆起许多在课堂上来不及记下来的东西，及时补进去，这既是对老师所讲内容的复习，又充实了笔记，也为以后的复习保留了比较完整的资料。其次，如何整理的问题。要根据自己的特点选择整理的方法，如记得比较快，字迹潦草，需重新誊写一次，没记上的内容要补上，还应把自己"造"的一些代名词还原，免得产生概念上的误解。

胡瑞环　　　　河南省高考文科状元

　　有的同学可能会觉得，整理笔记很费工夫，非常浪费时间。确实，我刚开始在整理笔记上花费的时间也相当多，但是，慢慢地就摸索到一些很好的办法。比如，课堂上的笔记要尽量写得清楚有条理，做到层次分明，并在笔记本中留出稍宽的行距，这样，课后整理对只需做一些调整和补充，花费的时间就不会太多了。

王星焘　　　　海南省高考文科状元

　　整理笔记时，做目录和索引是十分有必要的。在做这样的笔记的时候，首先要在笔记本的每页标上页码，前面要留出几页空白，以留作目录用。索引可以分成几大类，比如"重要公式集""重要概念集""语法天地""佳句摘录"之类，根据学科的不同，列出不同的项目，这样学习起来会更方便。一个笔记本用完以后，可以用其他的纸张写下需设的目录和索引，折叠后贴上去。这样编制了目录和索引的笔记，条理清晰，易于翻看，相信对学习会有很大的帮助。

　　姜麟锟同学根据自己的学习经验，提出了整理课堂笔记的两点基本要求。具体来讲，针对以上要求，大家可以按照以下方法进行整理。

1. 回忆听课内容，及时补充完善知识

　　课后抓紧时间对照课本、课堂笔记及时回忆听课的有关信息，记不起来的地方可借用其他同学的笔记，把缺漏的地方尽快补充进来，形成尽可能完整的学习提纲。仔细审阅课堂笔记，对错字、错句及记述中错误的内容进行修改，对没有听懂的疑难问题及时弄清弄懂，使学习笔记具有准确性和完整性。

2. 总结学习内容，厘清知识思路 ✎

    结合课堂笔记熟读课本内容，对有联系的知识点进行排列，形成知识线条。对相关的知识进行整理，列成图表，使零乱庞杂的知识尽量有序化。对意义截然不同但容易混淆的、有联系但意义不同的、在研究方法或形式上有相似之处最易引起混淆的知识点，要列表比较，把它们彻底搞清楚。要总结作文的类型和写法，总结试题的类型和解题方法，多总结一些典型题例，特别注意一题多解或一解多题现象，从中找出思路和方法。

3. 整理学习笔记，形成自己的复习资料 ✎

    完成一个单元或一章的学习后，课后要及时复习，进一步消化理解教材内容，系统总结这一章（或一单元）最基本、最重要的知识，按照老师讲课的提纲或课本上的目录顺序整理，用统一的序号对笔记内容进行排列，使它条理化、有序化。理科教材要依照每章内容后的小结或内容摘要，把内容稍微扩展。这样整理出来的笔记，具有系统性和完整性，突出了重点和难点，清晰而有条理，并带有自己的特点和学习习惯，更适合于自己阅读、复习。一本好的学习笔记，就是一部浓缩、精练的学科信息集册。通过记学习笔记把课本先读"薄"后用"厚"，减少机械记忆量，有利于深化和记忆知识。

029
沙里淘金筛选笔记内容

笔记除了需要整理以外，还需要筛选，把重要内容挑出来，从而让自己在复习中抓住重点知识。对待笔记也可以像淘金那样，把沙子淘干净了，剩下的就是最有价值的金子。

状元经验谈I 我们的好方法

 李逸 　　　　　　　　　　江西省高考文科状元

　　把老师课堂上所讲的内容记下来，经过一番整理，列出主次、重点和非重点。这样的笔记让人看起来一目了然，可以算得上是一本合格的笔记了，但若想让它达到超级词典的程度还远远不够。要想使笔记成为超级词典，就应该把各项需要掌握的内容包罗起来。以数学一科的笔记为例，它应该包括基本概念的理解、一些公式和定理的推导过程、课堂例题和练习的演算步骤、老师总结的重点及一些注意事项、课后练习及标准答案等几方面的内容。

黄昊华　　　　广西壮族自治区高考文科状元

　　刚从初中升入高中的时候，我发现老师在课堂上讲的内容实在太多了。全记吧，根本记不过来；不记吧，自己又感觉没有学到什么东西。正当我在记与不记之间徘徊的时候，我意外地发现，在充分理解的基础上，选择性地记录老师所讲的内容，不但可以突出重点，而且可以让我在课堂上少操不少心。所以，"略记次要知识点，详记重要知识点"就成了我记笔记的原则了。

钟隽仪　　　　浙江省高考文科状元

　　应经常翻看笔记，将重要的和非重要的内容筛选出来，并要持之以恒。"筛选"掉的笔记，可略去不看或觉得需要时再看，对"筛"出的重点内容要多花时间去复习。要细读、细看、细想，多问几个"为什么"。尤其是重点中的重点，切不可走马观花地浏览一遍，一定要做到"心到"。不用心记忆，读一千遍、一万遍也无济于事。有些同学认为这种方法很费工夫，还不如多读几遍。其实不然。在"筛选"笔记时，其实就已经开始复习了，而且"筛选"笔记时思想很集中，学习效果也就更好。

凌志宇　　　　广西壮族自治区高考文科状元

　　上课时认真做笔记是成功的要诀之一。笔记是对老师所讲的内容的归纳和提炼，因此，记笔记时应分清重点和难点，形成清晰的脉络，将知识点串联起来。对所记笔记我们要定期进行复习。当然，课堂上的笔记并不是一字不落地将老师说的知识通通记下，要有选择性地记，非重点的内容可以省略不记，这样也能节省很多时间。

　　做课堂笔记必须抓住重点。只有抓住了重点，才能提纲挈领，使笔记既精练又有价值。所以，同学们在做笔记时要注意筛选笔记内容。可是，不同学科，笔记的主要内容是有差异的；即使是同一学科，不同阶段的学习任务也是各不相同的。那么，我们怎样确定哪些内容该记，哪些内容不该记；哪些该详记，哪些该略记呢？下面就介绍一些筛选笔记内容的方法。

1. 把笔记温习一下

别忽略了温习笔记。没有"温故"，何来"知新"？在温习过程中，对照课本，回忆老师的讲解，多问几个"为什么"，这样才能起到巩固作用。

2. 校对答案

在回答问题以后，要对照笔记，校对答案。答得顺利且正确的内容可以作为"米屑"处理；而对一些答得较困难或答不上来的问题，就把它列为"米粒"，打上记号，整理出来。当然，听课时我们打上重要记号的地方也不可忽视。

3. "筛"出重点中的重点

"筛"出重点中的重点，即对于老师上课时特别强调的内容，或自己还很难理解的地方，打上不同的记号，以便引起重视，更好地复习。

另外，由于课堂上时间比较紧迫，可能漏记老师所讲的一些内容。下课后，应尽快抽时间去补充完整。对课堂上所记的混乱部分，最好重新整理、归纳，这也是我们加深理解和强化记忆课堂知识的一个重要环节。

030
记笔记要避免两个极端

　　课堂笔记对于学习和巩固知识非常重要，这一点很多同学都知道，但是记笔记时有两个极端需要大家避免：一是"一切全要记"；二是"一切不用记"。

状元经验谈 | 我们的好方法

> 👤 李昶　　　　　　　　　河南省高考文科状元
>
> 　　在课堂上，对老师传授的知识，有时只做提要式或提纲式的记录是不够的，还需要摘录老师讲的某些原句、原话。摘录时，一定要准确无误地记录关键内容。像历史课中的年代、人名，地理课中的方位、面积、人口，数学课中的定理、定律、公式，政治、语文等课程中的文义和概念等，都是不能够出错的，因此要迅速地把老师的原话记下来。这种摘录可以和提要写在一起。

桂亚楠 　　　　　　江西省高考理科状元

　　做课堂笔记的突出矛盾是记的速度赶不上讲的速度，为此要做到"三记"和"三不记"。即重点问题、疑难之处、书上没有的要记；次要问题、易懂之点、书上有的不记。在迎考方面，我们应相信老师都是有经验的，老师一再强调的知识点应着重注意，一定要记好、记全、记准。例如，"下面这几方面非常重要""得出的主要结论是""考试时要考的主要问题是"，等等，听到这样的提示，我们就要注意记录老师即将讲到的关键内容。

陈子丰 　　　　　　黑龙江省高考文科状元

　　笔记是给自己看的，不像作业是给老师批阅的，需要认真、仔细、清晰。做笔记，基本上只要自己能看清、看懂就行了，这就是说，不要过分在意笔记的外在形式。大家应该都很清楚，精美的笔记本、漂亮的书法与优秀的学习成绩之间，并没有必然联系。一本能充分体现自己听课过程与心得的笔记，即便记得有些潦草和匆忙，也能有效提高我们的学习成绩。

毛超 　　　　　　湖北省高考理科状元

　　试图记下老师讲课时说的每个字会令你手忙脚乱，而且过分专注于记笔记，有可能让你错过重要的知识点。实际上，只要专心听讲，记下几个要点，等课后有空时再温习笔记，会学得更好。

　　有些听课时详细记笔记的同学，认为老师讲课的内容很重要，如果把老师讲课的主要内容一五一十地都记下来，有助于课后复习。我们不否认，听课的时候需要记笔记，记笔记的目的主要是把老师点拨的关键语句或老师对课本内容重点、难点的阐述记下来，这对同学们课后复习的确有好处。但是，如果听课记笔记过于详细就不好了，因为同学们听课的主要目的是完成学习任务，而不是做会议记录。因此，过于详细地记笔记，反而会降低学习效率，这就违背了我们记笔记的初衷，甚至走到了反面。

在课堂上记笔记的时候，如果老师停下来，留给我们记笔记的时间，我们可以记多一些、记全一些。如果没有记笔记的时间，我们切不可追求多而全，以致影响了听课和思考，最好能采取关键词笔记法。

所谓关键词笔记法，就是在老师讲课的时候，我们把老师讲的一些话，用一两个词概括性地记下来，等以后复习到这个地方看到这几个词的时候，能够把老师讲的知识回忆起来。在这里，关键词给我们提供了一个回忆知识的线索。这样做既省时又不影响思考，且把一节课最需要记的东西记了下来。

总之，要做好课堂笔记必须同时避免两种认识误区：一是"一切全要记"；二是"一切不用记"。前者是录音机式的课堂笔记方式，后者是取消课堂笔记的主张，特别是有教材或参考书者更有此主张。这就从根本上否定了课堂笔记的作用，好像只要听好，同时翻阅参考书，或者在书上做做记号，简单写上几句就可以掌握知识点了。实践证明，这种办法是取代不了课堂笔记的积极作用的，因此，不管有无参考书，课堂笔记都是应该做的。

捕捉课堂有用信息

　　在课堂上，要善于捕捉对自己有用的信息。这些信息既包含知识性的，也有关于学习方法的。老师在讲课时，经常有比较清晰的分析，画龙点睛的描述，讲到比较重要、关键、本质的地方，往往要重复几句，这时你就应该把有用的话及时记录下来。有时老师在讲解时就像演员，我们也应该进入角色，在老师临场发挥下抓住时机，把受到启发的地方记录下来，以便课后复习时回味。在课堂上，老师的提问或引导大家的讨论以及同学们的发言，往往也有独到之处，或者提供一些理解问题的方法、途径，或者强调一些容易出错的知识点，此时我们也应该将之记录下来，以便借鉴。

第4章

课后复习：
提高学习成绩的关键环节

　　学，是指学习新知识；习，是指复习旧知识。为什么学了，还要习呢？因为知识是会遗忘的。不复习，学到的知识就会忘掉。正如一位高考状元所说："决定学习成绩高低的关键，往往就在于复习质量的好坏。"我认为这话说得一点儿都不错。不善于复习的学生就像是一位只知低头赶路的车夫，不知道往后看，结果车上的东西掉光了，自己也不知道。

031
课后复习必须趁热打铁

　　我发现，每当上完一节课后，有的同学不知道趁热打铁、及时复习，过了好长一段时间才去复习，结果复习时简直和新学了一遍差不多。尤其是个别同学平时学完就扔，到考试前才急得放弃休息，不惜开夜车来重新记忆，东一榔头，西一棒槌，脑子稀里糊涂的，这样是很难取得好成绩的。所以，每天的课堂学习之后，同学们最好能够安排一些时间来进行复习。

状元经验谈 | 我们的好方法

👤 邢宇飞	内蒙古自治区高考理科状元

　　在我看来，学过即习，方为及时。课后及时复习是上课学习的继续，它可以加深我们对学习内容的理解，防止学后急速遗忘。我在课后复习的时候会着重复习那些自己还没有掌握的内容。记得当时语文课文中的文言文翻译很令我头疼，内容多，又零散，要花很大气力才能学会。于是，老师每次讲完之后，我立刻将这些常见的文言文句子都抄在小本子上，课后一有空就拿出来翻看、复习，直到自己能倒背如流。

秦杉　　　　　　　福建省高考文科状元

　　我把自己的学习技巧概括为"放羊吃草""考后100分"这八个字。所谓"放羊吃草"，就是在平时的学习中跟着老师的步骤学，课堂上认真做笔记，课后把所学的内容回忆一遍，找出自己的问题和不足，哪里有不足就补哪里。根据遗忘规律，我觉得我们最好在学完功课后的24小时内复习。如果时间过长，我们遗忘的也就越多，这样复习起来就事倍功半了。除此之外，我觉得课后立即复习还可以让我们把学到的零散知识拼接起来，在知识之间建立起联系，能让我们看到一幅完整的"知识图案"。"考后100分"则是要求自己考后总结经验，纠正错误，再做一遍试卷并且一定要达到100分。

朱娴静　　　　　　浙江省高考文科状元

　　大体来说，高中阶段的文科数学难度不是很大，只要学习认真踏实，高考就不会有太大的问题。我自己也并不是以数学见长的，从这三年的学习中，我总结出了以下两条经验。

　　1．上课认真听讲。可能会有很多同学觉得这是一句空话，但它却是掌握基础知识最直接最有效的途径。老师会在课堂上讲解许多例题，这些题目多为经典的、最常见的。课上注意做笔记，将各种解法记下来，课后进行复习。如发现有解答困难的步骤，及时与老师交流。老师上课讲授的大部分是"通法"，即通用的解法，虽然不及一些方法简便，却是高考中最常用的。我们掌握了"通法"并熟练运用，高考中的大多数问题都能迎刃而解。

　　2．课后的巩固，我认为作业尤为重要。老师布置的作业都是具有针对性的，比自己找来的辅导书上的题目要经典得多。对于作业，一定要保质保量完成，切忌抄袭。在作业之外，再搞"题海战术"就没有什么必要了，只需加强一下自己的薄弱环节。

　　及时复习，就是要赶在遗忘之前，在记忆犹新的时候，"趁热打铁"，这样可以收到事半功倍之效。许多同学在听课之后，不管是否已经理解和掌握了老师讲授的内容，就埋头做作业。实际上，这种做法忽视了及时复习这个重要环节。

一般来说，及时复习包含以下几个环节。

1. 尝试回忆

合上教材和笔记本，把老师所讲的内容默默地回想一遍。这样，既可以检查听课的效果，又可以加深对知识的理解，还能养成勤于思考的习惯。

2. 对照教材

回忆之后，就要和教材对照一下，对已懂的知识则可放过；对不懂的知识可对照笔记思考理解；对重要的概念和原理要做出标记。在这一环节还要仔细研究例题，不仅要理解例题的内容，还要掌握例题的解题思路、方法和表达格式，为正确地完成作业奠定基础。

3. 复习后再做作业

通过作业练习，深化理解和运用新课所学到的知识。

4. 巩固课文难点

对记忆难点（如英语单词、语文课文背诵等），当晚临睡前或第二天起床后再花少量时间，加以复习巩固。

需要注意的是，虽然及时复习比延迟复习效果要好，但也并非越早越好。复习的最佳时机要根据个人学习习惯，课程的性质、难易程度决定。

（1）听课较吃力，疑难问题多，就要及时复习；当堂基本听懂，复习只是深入钻研，则间隔一两天，影响不大。

（2）课程的概念、原理抽象费解，复习就应及时一点儿；讲课主要是叙述性内容，与书本内容一致，也可以间隔一段时间再复习。

032
善用课后黄金两分钟

在日常教学过程中，我常见到这样的同学：他们在下课前几分钟就开始看表、收拾课本文具，下课铃一响，就迫不及待地"逃离"教室。他们认为一下课这堂课的学习任务就结束了，因此迅速把书本合起来，课堂笔记也扔在了一边。其实，这正是他们一直感觉课堂知识掌握不佳的原因之一。实际上，每节课刚下课的几分钟是我们对上课内容查漏补缺的好时机。

状元经验谈I 我们的好方法

👤 苏悦	陕西省高考文科状元

复习的过程，实质上是理解和记忆知识的过程。在遗忘尚未出现的时候，就要趁热打铁，当堂内容，当堂复习，当天复习。我们每天可以利用刚下课、放学后、临睡前等多个时间段，在脑子里对所学知识进行"过电影"，通过这样多次重复，较容易取得好的复习效果。事实证明，这个办法让我越学越轻松了。

王伟   宁夏回族自治区高考理科状元

　　遗忘的规律是先快后慢，因此，对刚刚学习过的知识尽快复习一遍，可以取得很好的记忆效果。课后的"黄金两分钟"是回顾、总结知识和解难释疑的好时机，利用好这几分钟的学习时间，能有效提高自己的学习效率。

　　的确，利用课后两分钟迅速地把当堂内容小结一下，胜过半月后花费一天的时间进行复习。也就是说，学完一节课要及时总结和弄清这节课的学习重点是什么，哪几个知识点掌握了，还有哪几点比较模糊。这样一来，记忆得到了强化，不清楚的地方可以及时想办法补救。如果下课后我们能用两分钟的时间简单总结一下课堂知识、整理一下课堂笔记，会更好地巩固刚学的知识。

　　总之，下课后不要急于去放松，用两分钟的时间简单小结一下，会帮助你更好地巩固刚学的知识。需要注意的是：课后总结的时间不宜过长，简单地概括出上节课所学的知识要点即可。如果时间过长，思维一直停留在上节课的内容中，会影响自己下节课的听课效果。

033
最有效的"过电影"式复习法

有些同学总认为，通过复习来记忆知识会占用自己太多的时间，不如多做几道题更有效果。事实上，如果你连基本的定理、公式、法则都没有记住，盲目地去做题又有什么用呢？复习并不是非要在书桌前苦读，如果每日在临睡前躺在床上将当天的知识过一遍"电影"，这样的复习效果也非常好。"过电影"式复习法是优秀学生经常使用的学习方法之一。所谓"过电影"，是指复述反思。开始复习时先不要急于去翻书，要静下心来独立地把课堂所学内容回想一遍。

状元经验谈 | 我们的好方法

杨纯子	浙江省高考文科状元

我复习时有一个小窍门：每天睡前，静静地躺在床上，身子不动脑子动，回忆当天学习的内容。比如老师又补充了哪些知识点，一点儿一点儿地想，如果有什么内容回忆不起来，第二天马上解决这些问题。这就是"过电影"式复习法。

董吉洋　　安徽省高考理科状元

"温故而知新。"学过的知识如果不加以复习的话，我们很快就会忘记了。所以，我会利用晚上睡觉前的一段时间过一遍"电影"，躺在床上，将每节课的关键内容在脑海中过一遍，即今天都上了哪几节课，上课时老师都讲了哪些内容，重点内容有哪些。回忆的过程中还可以想一想课堂上发生了哪些好玩的事儿，按照这种方式回想的话，一点儿也不会感觉到累。等到第二天早上起床后，再过一遍"电影"，这时我只需用几句话将昨天上课的内容概括一下就可以了。

刘婧　　江西省高考文科状元

我是住校生，每天学校到晚上10点准时熄灯。可如今功课这么多，晚自习做作业都来不及，哪还有时间复习？后来我想了一个绝妙的办法：躺在床上想着复习，即一节课一节课地想知识要点。就是这样，我将每天的功课在脑子里过一遍"电影"，大约花30分钟。似乎比在家复习的效率还高，效果还好。每天想完，我都如释重负，带着满足和微笑进入了梦乡。

朱竹　　北京市高考文科状元

我复习的要诀就是反复回忆。第一，每天清晨要把昨天复习的内容在大脑中逻辑清晰地过一遍；第二，每天吃饭时间问自己当天上午或下午做了什么，有哪些收获；第三，每晚入睡前反思一下当天复习时发现的漏洞和做题时犯的错误，总结经验教训。

"过电影"是一个思考和记忆的过程，每一次复述都要将学习的内容再现一次，使新知识得到一次强化和巩固。另外，"过电影"法所需时间不多，所以即使作业很多，此法也能进行。与死记硬背相比，这种方法的学习效果会更加明显。此外，它还可以锻炼我们的联想能力和逻辑思维能力，方便我们找出课堂学习的薄弱环节。下面我们就来看一看程思佳同学具体是怎样"过电影"的。

上午：

第一节课，数学。讲了对数函数和分段函数。对数函数是指……分段函数是指……

第二节课，语文。讲了几种新体裁的作文。第一种是……第二种是……

第三节课，体育。

第四节课，英语。今天讲的是第二单元第一课，试着背一下课文……

下午：

第一节课，历史。讲法国大革命。主要讲了背景、过程、意义三大块。有几个年代、几个人物要记……

第二节课，自习。今天考了一张化学卷子。100分的卷子得了92分。失去的8分，一是化学式写错了几个，二是计算错了一处。

第三节课，自己做作业。有两道题不懂，记得去问老师。

……

同学们，不要埋怨没有时间复习，其实这种"过电影"式的复习法并不占用你平时学习的时间，大家可以借鉴一下。

034
复习一定要有针对性

复习要有针对性，这里的针对性，不仅指复习内容与考试之间要有对应关系，还指所采取的复习方法与所复习科目之间的对应关系。可以说，没有科学的复习方法，就不会有理想的复习效果。

状元经验谈I 我们的好方法

👤 杨帆	福建省高考文科状元

我比较善于结合各门科目的特点，安排自己的学习内容，高效利用学习时间。比如英语诵读，我习惯安排在早上。每天早晨背一篇《新概念英语》的课文，短则45分钟，长则1小时。背完英语后，心情就会好得不行，然后，一天都斗志昂扬。每天晚上，我总是先把各科的学习内容考虑一下，进行任务分解。比如英语单选、语文字音字形题、数学填空题等可以分很多次完成的事情，就可以安排在第二天的零碎时间完成。课间10分钟、早读课前的10分钟及午休前等零散时间，总是在不知不觉间就过去了，但它们却是一笔很宝贵的财富，懂得把这些时间利用起来，才是真正地会学习。

👤 翁凯浩　　　　　浙江省高考理科状元

　　我认为，安排好各科的复习，关乎考试的成败。对于我的强项英语，我的应考策略是"不仅要读还要勤练"，保证每天有1~2小时的做题时间，在题型练习上把重点放在分值"大户"——阅读理解、完形填空、听力和作文这四大部分上，力争得到这四部分80%的分数，最后高考取得了良好成绩。对于弱项理科综合和数学，我的突破策略是"坚持不放弃，同时注重合理取舍"。我总结数学提分的方法是"厘清思维易错点，基础分值不放手"，重视背诵并记牢概念、性质、定理、公式，并通过典型问题的分析，进行有针对性的强化训练；注重选择题、填空题等基础题的练习，提高准确率。对于理科综合，我认为生物分值不大、题型不难，因此每天只安排半小时的复习时间，重心则放在物理、化学上，决不放弃该得的每一分，最终在高考中取得了好成绩。

👤 蒋婧煜　　　　　江苏省高考理科状元

　　每门学科都有自己的特点，有的以记忆为主，有的以思考为主，有的两者兼具。所以，在复习备考的时候，一定要根据它们的特色，选择复习方法。语文要多阅读，注重平时积累。我能把好多古文都大段大段背下来，并不是说我记忆力比别人好多少，而是背书背多了就会有灵感，用心体会会引起共鸣，对自己的思想也会产生积极的影响；英语我非常注意积极参与课堂互动，很难背的单词就放到文章里去感悟，多运用就不容易忘记；数学要多总结方法，寻求规律，千万不要搞"题海战术"，这样会得不偿失；物理也许很多人觉得难学，其实如果你能理解物理原理和规律，你会发现物理是一门很有魅力的学科，有了兴趣就愿意思考，自然就能够学好；化学是理科中的文科，记忆加归纳就是秘诀。

正如以上状元们所说，复习时要针对各个科目的不同特点来灵活进行。以数学这一学科为例，这是一门需要动脑筋、思考性比较强的科目，如果你以为只要在复习时记住了公式、定理，了解了例题的解法和答案，就能够学好数学，那就大错特错了。学好数学，必须掌握公式、定理，但并不是机械地把它们背下来就可以了，而是要活学活用。一般，老师不会要求你一字不差地把公式、定理背出来，他更看重你如何用这些公式、定理解答各种各样的问题。

由此可见，灵活自如地运用公式、定理去解题是复习物理、化学、数学等理科学科的关键。

在各学科的分类中，生物也属于理科，但它的学习方法却与数理化截然不同。因为在生物这门学科里，记忆的分量要比理解的分量大许多。数理化这三门学科的一个共同特点就是与实践联系得比较密切，也就是说一条公式或定理，必须经过做题、进行许多次练习以后，才能扎实牢固地掌握它，因此，对这三门功课的复习要注意动笔的能力。而要复习好生物，就必须对学过的知识进行归纳、总结，然后一点点地往树干上添枝加叶，以达到全方位掌握的目的。

总的来说，复习就是要因"科"制宜，针对不同的学科要采取不同的复习方法。

035
制订一个科学的复习计划

　　课后复习是对课堂知识的总结和巩固。一个完整的学习过程应包括预习、听课、复习这三个关键环节。通过复习可以使知识系统化，可以更高层次地理解并较好地掌握所学知识，并为顺利学习新课提供了保证。因此，制订一个切实可行的课后复习计划，不仅可使复习目的明确，按部就班，并充分合理地利用时间，还可以使各门功课的复习彼此协调起来，使同学们成为复习活动的主宰。否则，复习就带有一定的盲目性。

状元经验谈I 我们的好方法

👤 吕晔	宁夏回族自治区高考理科状元

　　复习计划一定要详细，可以小到每一天，两个小时，一个小时，一堂课，一堂自习课。做计划时，我会画一个表格，在第一栏写上每天要安排学习的时间，就像课程表一样，写出几点至几点的一个时间段。然后在每个时间段后面，写上要完成的学习任务，复习什么科目、第几课至第几课、做多少习题，都详细地写上去。什么时间起床、什么时间午休、什么时间睡觉，我也都写上去，这就是我一天的作息时间表。

赵秋阳　　　　　　　天津市高考理科状元

复习的时候，我会先制订计划，哪科比较弱，就多分配些时间加强练习。比如，我"每天高考"的计划是，在一节课内，强迫自己完成一张试卷，主要是锻炼自己在规定时间内做题的能力。另外，我每天在自己的茶杯上和课桌上都贴有一张纸条，之所以这样，是为了让自己克服惰性，制造一种压力，让压力产生动力。每晚11:00休息，早上5:30起床，不管学习多忙，也要在晚饭前到操场上跑两圈。让每一天都保持在高考状态中，这样一来，真的进了高考考场，也不会惊慌，会非常从容。

宋振宇

湖南省高考理科状元

从小学到高中我一直都是班上的前三名。但是，我并不属于"学霸"类，从不会熬夜学习。每天晚上10点就去睡觉了，早上6点多起床，每天都是睡满8个小时。我之所以能在高考时成为状元，关键就在于我学习有计划。在高三复习阶段，我每个星期都会针对各个科目制订复习计划，对每个重要的知识点进行重点突破，而制订的每周计划，我都能准时完成。

梁思齐

北京市高考理科状元

我的一个重要习惯就是制订计划，有计划地安排自己的时间，比如说用多长时间来学习，用多长时间来休息，或者用多长时间做自己想做的事情。把计划变为现实，是需要一个过程的，在这个过程中，计划制订得再严谨，也会有一些突如其来的事情要处理，所以我觉得在制订学习计划的时候，要留出一点儿空余的时间，以便调整计划，应对突发状况。

想制订一份科学、合理的复习计划，就是要结合自己的实际情况。例如，自己学习的兴奋点在白天的话，就可以多安排一些白天时间来学习，晚上多安排一点儿时间来休息；如果是"夜猫子"，就可以晚上多安排一些学习时间，中午安排一些时间来休息。具体来说，制订复习计划需要注意以下几点。

1. 结合自己的实际情况制订复习计划 🖉

制订计划的时候，可以借鉴老师的、同学的，但是不能照搬照抄。照搬照抄的复习计划容易使人中途放弃，因为那根本不适合你。所以，要从自己的实际情况出发，结合自己的作息时间、学习科目等因素，制订一个属于自己的学习计划表。

2. 复习计划要兼顾全面 🖉

每个人在学习上都既有强项，也有自己的弱项；有的科目学得好，有的科目学得差。考试是对知识的综合检验，是以总成绩为依据的。所以对应考科目要做到齐头并进，一定不要偏科，否则总成绩会大打折扣。因此，不放弃自己不爱学或学得不好的科目是明智的。在制订复习计划时，对自己学得特别糟糕的科目，要多放一些时间和精力在上面，才会见到成效。

3. 根据大脑记忆周期安排复习计划 🖉

一个相对完善的复习计划既要涵盖每月的整体安排，又要包括每月及每天、每时的细节规划。人的大脑不可能一次就记牢某些知识，通常情况下是短时记忆，没过多久就忘掉了。

4. 复习计划的周期不宜太长 🖉

同学们可以制订一个长期的、总体性的、把握大局的复习计划，把它作为自己复习的纲领。但是一个详细的复习计划，不宜订得太长。因为，学习状况也是不断变化的。如果在执行了一段时间后，发现自己薄弱的学科有了长足的进步，不足的知识点也已经得到巩固，就要适当地对计划进行调整。

036
周末复习应做到"五个一"

　　同学们每学习一周，就应该有一个阶段性的总结复习，因为一周是学习的一个小阶段，在周末有必要对这一周的学习内容进行总结和复习。这就是复习中的"周末总结复习法"。这对加深重点和难点的理解，提高记忆效率，巩固所学知识十分有用。

状元经验谈I 我们的好方法

> ♟ 郭宁　　　　　河北省高考文科状元
>
> 　　每周学习结束后，我都会在周末复习一遍本周的内容：首先从课本入手，抓住基础知识、基本理论中的重点内容；其次在理解掌握的基础上，归纳梳理知识点，整理学习笔记。由点到线，由浅入深，从易到难，从简单到复杂，把各个知识点之间的网络建立起来，较为系统地把握基础知识，既搞清楚知识之间的内在联系，又弄清它与其他知识之间的横向联系，这样就达到了融会贯通的目的。

范瑶瑶 　　　　天津市高考文科状元

学习确实需要下番苦功夫，必须用功、刻苦。但我认为学习也要讲究方法，并不是学习的时间越长效果就越好，重要的是提高学习效率。我在高考前最忙的时候最晚也就学到晚上11点左右。如果再晚效率就不高了，第二天可能会在课堂上犯困，这样就得不偿失了。

刘诗雨 　　　　江苏省高考理科状元

教育专家的研究结果显示，周单位的学习计划比每日计划或每月计划更有效果。所以建议大家制订每周计划，不断循环的过程很重要。我们可以采用周计划循环学习法：①根据自己总的学习进度，制订周一到周六的学习计划。②要空着周日。因特殊情况而没有完成的计划在周日弥补，并休息。③每天完成当日复习计划，未完成的任务不要拖到第二天，要跳过去，待周日再完成。④根据上周计划的完成情况安排下周计划，熟练的内容放过，陌生的内容可适当安排在下周再加深印象。

黎玥 　　　　贵州省高考文科状元

在学习上，我是一个不断"回头看"的学生。在我看来，知识是很容易被遗忘的。如果我们在学完之后不回过头去看一看所学的知识点，那么就无异于狗熊掰玉米了。所以，在一周的功课结束后，为了避免遗忘，并为下周做好充足的知识衔接，我会及时地总结一下学过的知识点，用一个专门的本子，列出每一节或者每一章的知识框架，并找出里面重点的知识和自己认为比较难的知识点，以备日后快速有效地复习。同时，我还准备了一个习题集，记录下那些自己做错的且比较重要的试题，每次考试前都要抽时间翻看一下。概括地说，这就是我在每周的复习中坚持做到的"五个一"，即温习一遍教材、对照一次笔记、检查一遍作业、记录一些材料，最后再总结一下方法。通过检验，这种方法非常有效。

黎玥同学推荐大家周末复习时做到"五个一"。下面，我们就一起看看具体如何做到周末复习的"五个一"。

1. 温习一遍教材 ✐

按照一定的顺序，将一周所学的主要科目的内容温习一遍，结合课本上的思考练习题，分析一下教材讲了什么，应重点掌握哪些内容，哪些自己已经理解了，哪些尚需进一步掌握。

2. 对照一次笔记 ✐

对照课堂笔记，看看老师在一周中重点讲了什么内容，与自己的理解有何差异，哪些地方记住了，哪些地方遗忘或忽视了。这样，可以进一步把握重点，理解难点，加深记忆。

3. 检查一遍作业 ✐

把一周的作业看一遍，查一查哪些练习题是基础训练题，哪些是能力训练题；查一查哪些练习题与教材的重点、难点有关；查一查哪些做对了，哪些做错了，原因是什么。

4. 记录一些材料 ✐

通过前面的环节，我们已明确了重点、难点、做错的题目和原因、尚需巩固的知识等。这时，就要用一个专门的本子把它们记录下来，为以后的阶段复习、期中或期末复习做准备。

5. 总结一下方法 ✐

周末复习知识之后，还要认真总结自己一周以来各科的学习方法，对成功的方法，下周继续坚持；对不成功的地方，以后想办法逐步改进。

记住，一周复习总结一次，比你拖到最后再总复习要有效得多。

037
复习时要**紧紧抓住课本**

很多同学认为课堂上听讲就是看课本，课后复习时就不用看了，应该看复习资料，并喜欢找一些五花八门的难题做，这是十分有害的。高考题目历来都以基础知识为重点，真正用来区分成绩档次的题目只占到30%左右。因此，同学们要想拿到高分，复习时就要以课本知识为基础。

状元经验谈 | 我们的好方法

顾心怡
江苏省高考文科状元

老师经常告诉我们，课本上的知识是很重要的，它是基础知识中的精华。而且每次考试也证明了老师的这一观点，试卷上的题目都离不开课本这个"根本"。所以，我在复习时会把每一课的知识点都找出来，逐个消化，不留知识死角。以我的优势科目政治为例，我会逐字逐句地阅读课本内容，画出自己认为是重点的内容。有不理解的地方，经过短时间的思考，马上去问老师或同学，认真听老师或同学的分析，纠正自己理解上的偏差。

马欢

贵州省高考文科状元

　　重视课本不等于复习时对课本知识进行简单的重复，而是应对教材上的知识加以概括、提炼和归纳，把该重点记忆的知识点梳理出来，在此基础上，再着重记忆这些知识点。比如，语文中的生字词、古诗、要背诵的课文段落，数学中的基本定义、基本概念，历史中的重大事件等，一定要背得滚瓜烂熟。

刘奕君

海南省高考理科状元

　　我学得并不辛苦，每晚11点一定上床睡觉。要说学习法宝，我自己的经验就是要学会将课本越读越"薄"，利用好目录。我喜欢归纳整理，喜欢将几册书的知识点归纳到一个笔记中进行理解、消化。

　　"万变不离其宗。"从根本上看，试题无论有多大难度、多强的综合性，都不会超越课本基础知识，考试试题都是围绕着课本知识设定的。所以，在复习中，我们应当以课本为主，落实到课本基础知识上。

　　同学们在利用教材进行复习时，可以选用一本编得比较好且又与课本结合紧密的教学辅导用书，进行全面的阅读和练习，提高自己的应用能力。教辅用书一定要适合自己，绝不可过多过滥，否则就会跳进题海被淹死。学习比较轻松的学生，还可以读一些小说、人物传记、科普书、学习体会之类的书籍，调节学习情绪，增加知识积累。

038
临阵磨枪也管用

俗话说："临阵磨枪，不快也光。"在最后临考阶段，人的精神往往高度集中，理解力和记忆力在短期内急剧提高，因此对于以记忆为主科目，如历史、地理、政治、英语等，在短期内仍然有很大的进步空间，考前的临阵磨枪也对提高成绩有帮助。这里所说的临阵磨枪，并不是鼓励同学们平常放松，只是到了考试的时候才复习，而是给同学们提供一些考前强化复习的经验和方法。

状元经验谈 | 我们的好方法

👤 刘伊恬	吉林省高考文科状元

考前冲刺阶段做不做题？我的方法是根据不同科目的特点，采用不同的方法。比如，对于文综这种需要记忆的科目，我主要是多背多记，牢固掌握课本中的知识点；而对于数学和理综，则主要通过做题进行训练。基本上每天都要做少量的题，让自己保持做题状态，但不要再做难题。同时，还要利用错题集、高考真题这些"法宝"查找知识缺漏，不留空白死角。同时，冲刺时复习应有所侧重，不要平均安排各个学科的复习时间，要将更多的精力投入到较薄弱的学科上去。

袁一沣 　　　　　吉林省高考文科状元

　　考前的几天主要是回归课本，回归基础。我把各科的课本都整理出来，安排好自己每天看两册书。由于时间有限，不可能再细抠每一个知识点了，但是我对照书的目录，把每册书都翻过了一遍，主要"跳看"书中的重点内容，如书中框出的或加黑标出的重点内容，还有自己平时看书时标注的重点，都大略重看了一遍，把整本书的梗概和重点都印在自己脑海里了。这样做对文科科目很有好处，答政治历史大题时，自己能够毫不费力地回忆起要点，不会漏答。至于各个要点的详细内容，自己根据自己的理解发挥，基本也不会偏差到哪里去，因此考试时，试卷上的大题我都拿了不错的分数。

陈威 　　　　　河南省高考理科状元

　　关于考前最后几天的复习安排，我认为主要是把课本再看一遍。语文主要是看字词这一块，包括拼音、错别字、病句、词语，适当背记一些写得比较好的句子，保证写作文时能够写出比较好的开头和结尾。数学要针对课本上的提纲复习，把全书内容分成几个板块，重点看看各个板块里面学的什么东西，这些板块里面会有哪些题型，这些题型中有哪些方法可以采用。另外，多看看课本上的公式和的定义。英语阅读和完形填空再想提高比较困难，重点是把语法再复习一遍，同时背诵一些比较好的英文短文，适当记忆一些写作时常用的句型，提高作文的流利程度和文采，这样作文得的分数会高一些。

　　考前复习时间虽然不长，但由于复习内容繁多，必须有一个合理的计划和安排。对于毕业和升学考试复习，即使原来已制订了系统的复习计划，但由于临考复习与前段系统复习的要求不同，也应该有一个考前的安排，做到长计划与短安排相结合。只有这样我们在紧张的考前复习才不会因科目的时间安排而犹豫不决，才不会因复习打乱仗而完不成复习任务，或是做一些不必要的重复劳动了。

这个短期的复习计划应安排得科学、合理。比如，文理科复习内容宜交替安排，需要强化和记忆的内容宜安排在早晨和晚上；在自己每天的生物节律"高峰期"，安排重点的复习内容；而在自己情绪和精力的"低谷"，安排次要的复习内容或娱乐与休息。可列出个时间表，合理分配各科复习时间，避免出现厚此薄彼等偏科的现象。

由此可见，临阵磨枪也是讲究技巧的。那么，临阵磨枪，应"磨"哪些内容呢？具体来说有以下几方面。

（1）把时间用在复习记忆性的知识上，按照课本的主线和脉络把基础知识再过一遍。

（2）翻练习题本和试卷，将出错的题再认真看一遍，查漏补缺。

（3）适当做难度接近高考的题，避免考前手生。可以把一段时间以来做过的或者老师讲过的主观性试题再看一遍或者做一遍，这样既节省时间又能快速达到熟悉大题答题方法和解题思路的目的。

039
文理科都需要"背功"

学习离不开记忆，政史地等科目都要考我们的"背功"。比如，语文的词语、精彩段落、重要语句；英语的单词、习语、句式、语法、对话、重要的课文；政治的概念、问答题等；历史的重要事件等，都是要作为重点来背诵记忆的。上海市向明中学物理教师刘耀武在谈到高三备考时说："很多人认为，文科需要背诵，理科只需要理解。其实不然。理科也有很多东西需要背诵。"他建议高三考生，在复习备考过程中，应多注意数理化科目中概念、公式、定理、定律的背诵，最好可以"信手拈来"。

状元经验谈 | 我们的好方法

王亚玉	河北省高考理科状元

别人都说理科生靠的是做成千上万道习题，我不是这样，我用对待文科的方法——"背"，去对待理科的习题。记得高三时，我把物理课本上凡是黑体字的公式、定义和例题都背了一遍。在具体做题目时，我一看题目就知道它关系到几个公式，相似的题型是在课本的第几页，这样我做题的速度和质量就提高了。

李卓然　　　　　　　湖南省高考理科状元

　　我认为，几乎所有的文科考试题目都要求回答观点，而这些观点都在课本上，所以，只要把课本背熟了，在答题时就不会遗漏知识点。我不是很喜欢化学，但仍坚持认真学习化学。我读化学课本真是一字不漏，如各元素的特性、颜色、气味、水溶性，甚至元素的大概密度，都记住了。实验呢，除了特性实验现象，甚至实验步骤都认真记忆。直至把课本都翻黑翻旧了，每一章只要大略看看每页的边缘，就知道大致已翻了几遍。正是靠这种"背功"，我终于攻克化学这一科目，使化学成绩稳步提高，做题时也更有自信心。

王子瑾　　　　　　　河南省高考文科状元

　　总复习阶段，我是用"过度记忆"的方法来复习文科的。因为，不管你认为自己对课本内容有多熟悉，掌握得多透彻，都要反复地复习课本，速度依个人的掌握程度而定，比如，如果记忆较牢固，就可以浏览课本。记得我在高考前的那段时间，一遍又一遍地翻课本，把五册课本都读了很多遍，所以对其中的知识可以说是烂熟于心了，高考时用到相关知识时自然感觉得心应手。

　　人们常用"过目不忘"来形容某个人的记忆力很好，实际上，在学习过程中只阅读一次是很难记住学习材料的。我们需要通过"复述"，将注意力维持在学习材料上，即在大脑中反复重现学习材料，才能牢固记忆学习材料。

　　复述记忆法有以下两种。

1. 口述法

　　我们可以用口头复述的方法，如反复默读、朗读等来对学习材料进行记忆。

2. 笔录法 ✎

笔录法是指把自己回忆起来的内容默写下来，然后再同课本内容相互对照以纠正错误记忆。

对于有些同学来说，复述的方法显得过于单调枯燥，不易集中注意力。建议这些同学结合课本中的知识点，自己拟定题目，然后自己作答，可以口答、笔答，也可以心答。通过自己出题和答题，调动自己思考的积极性，来加深对知识的记忆。

此外，一说到记忆，很多同学都认为只有一字一句地死记硬背才能记得牢。其实，用这种机械记忆的办法，不仅很难记住知识，而且忘得快。比如，数学公式都是用枯燥的符号表示的，如果只一味地死记硬背，不理解它们的意义，记忆起来就非常困难，就算一时记住了，也容易遗忘。这类知识不但要理解它们的意义，而且要弄清它们的来龙去脉。这种在理解基础上记忆的知识，有时即便我们遗忘了某些内容，也仍然可以根据已有的知识把它推导出来。

040
三招帮你**提高复习效率**

经常有学生问我：怎样才能达到复习的最高效率，而不是简单地重复呢？下面，我就结合自己的教学经验，以及一些高考状元的学习经验，谈一谈如何提高复习效率。

状元经验谈| 我们的好方法

孙寒泊
河南省高考理科状元

我认为，高考数学题现在更加注重考查学生对基础知识的全面掌握和灵活运用。因此，我特别强调要在理解的基础上认真掌握基础知识。数学是环环相扣的一门学科，每一个环节脱节都会影响下一个环节学习的进程。所以，平时学习不应贪快，不要轻易留下自己不明白或者理解不深刻的问题。概念、定理、公式一定要在理解的基础上记忆。我的经验是，每学一个新定理，要尝试不看答案做一次例题，看是否能正确运用新定理；若不行，则对照答案，加深对定理的理解。

刘笑语

天津市高考文科状元

在复习中，机械、单调地重复同一知识，往往使人生厌。老师曾告诉我们一种旧路新探的复习方法。就是适当变换复习顺序，采用顺逆交错的方法来进行复习，这样就能给人新鲜感，也容易让我们有新的发现，增强复习效果。

郑妍

上海市高考文科状元

复习花多少时间，复习到什么程度再做题，我们应灵活掌握。一般来说，当老师讲课内容不多，布置的作业也不很多的时候，我们应先详细复习，再做作业。但老师当讲课内容很多、布置作业也多的时候，我们可以先做容易的作业，这样既完成了作业，又可以发现问题、总结经验。在此基础上再去复习，亦可有的放矢。

俗话说，万变不离其宗。一个题目，哪怕只是把它的一些数值加以改变，它就成了另外一题，更不要说一些技巧性变题。从这个意义上说，复习就是通过有限的同类问题的解答分析，找到题目背后不变的"宗"，真正掌握了这个"宗"，在遇到新题时，你就可以同样轻松地将其解答出来。

状元们在复习过程中，能够借助已有的知识、经验，通过分析，把握知识点各部分的特点和内在的逻辑联系，并将它们纳入已有的知识结构中，不自觉地完成"学习—理解—应用"的全部过程，下次遇到陌生的题时，就能够理解这个知识的应用范围和应用方法，自如应对。而有的同学忽略知识的推导过程和内在联系，只是机械记忆老师整理出来的知识点，缺乏对知识的深入理解，导致做题时吃力甚至不会做。

下面是状元们总结出的三个妙招儿，可以帮助大家有效提高复习效率。

1. 整体把握，抓住重点，攻克难点 🖊

复习时要做到心中有数，不能眉毛胡子一把抓，如果哪儿都想抓几下，那么不但什么也复习不好，而且会觉得越复习越乱。翻开笔记，将学过知识的重点、难点都整理一下，可以将各章节的知识用图表的形式归纳整理出来，然后根据各章前面的简介提示找出重点、难点。对照自己的笔记，看看自己记得是否全面，查漏补缺。看看哪些地方还是薄弱的地方，自己能不能解决，不能解决就要找老师彻底弄清，决不能放过去。因为课本的知识点编排是系统的，不是孤立零散的。只有厘清重点、难点，才可以有的放矢，事半功倍。

2. 复习要讲究因科制宜 ✎

不同的学科有不同的特点，文科以记忆为主，理科以思考为主。所以在复习的时候，一定要根据不同的学科特点，选择不同的复习方法。比如，学好数学的关键在于活学活用，在于如何用这些公式、定理解答各种各样的问题。

3. 先回忆后看书 ✎

每次进行复习时，先不要急着看书，尽可能地独立思考、回忆。遇到难点或不理解的内容，也不要忙于翻书，先自己想想看，实在想不起来再去看课本。这样做，是逼着自己动脑筋，从而强化记忆，提高学习效率。

复习时需要集中时间

　　复习时需要有比较集中的时间和不受干扰的安静环境，否则，就会因为时间和环境的影响而打断思路，影响效果。平时要找比较集中的时间不太容易，可以采用把分散的时间集中起来的办法。例如，为了复习物理中的力学，可以把完成当天学习任务后所余下的时间都用来复习力学，坚持一个月，这样就会收到明显的学习效果。有些同学平时不善于集中时间来进行复习，总是等到大考前才来进行总复习，这不仅不利于学习，也不现实。

第5章

分科听课：
抓住学科特点选择听课方法

　　我们都知道，学好一门功课，听课是关键。教育专家经过研究发现，"听懂每一堂课"是高考状元们考取高分的第一法宝。那么，那些考入名牌大学的高考状元都有哪些听课技巧呢？浙江省高考理科状元邱昕瑶说："根据各门学科的学习特点，运用相应的方法去听。"确实如此。因为学科不同，听课方法也存在很大差异，同学们应有针对性地听课。

041
抓住三大前提上好语文课

　　提起语文，大家都是从小学就开始学习了，但仍有很多同学上不好语文课，老师讲课时全神贯注地听了，笔记也做得非常认真仔细，但就是无法全面掌握老师讲授的内容。究其原因，就在于没有把握好学习语文的几个关键问题。

状元经验谈I 我们的好方法

> 👤 **施丹旖** ｜ 浙江省高考文科状元
>
> 　　语文是一门开放的学科，它和生活紧密相关。因此，如果我们只抓住课内的一小块，放弃课外的一大片，就无异于沙上建塔。在学习语文的时候，我建议大家在跟上老师讲课节奏的同时，利用好课后时间与其他同学开展演讲、写作、阅读等活动，从课后的生活中体验语文的魅力，汲取丰富的语文知识。总之，课上要学得扎实，课外要增添兴趣，课内与课外相结合，双管齐下。

张一番　　　　甘肃省高考文科状元

我认为，学习语文就是一个慢慢积累的过程。课堂上的积累是极为重要的。我们不但要积累系统的语文知识，而且要积累应用语文知识的方法和技巧。比如，怎么归纳中心思想，怎样去体会每篇文章表达的感情等。当然，光靠课堂是学不好语文的，因此，我特别注重课外的积累。我喜欢观察生活，留心身边事。此外，我还特别爱好搜集新鲜素材、老师推荐的范文、有闪光点的文章，从材料的独特视角、不同的构思布局到首尾的精彩点评……凡适合我的都尽收囊中。这样不断积累，写作时就会文思泉涌。

周碧瑶　　　　江西省高考文科状元

其实，我没有特殊的学习方法，只是上课注意听讲，把老师要求掌握的东西学透弄懂。首先，学习语文要做到上课时专注和认真，抓住每一分每一秒，记下知识要点和重点内容。最关键的是，不懂时就要"问"，而且要刨根问底、追根溯源。其次，课后的复习，我认为也是十分重要的。记得刚接触文言文时，我只是上课时"听过就算过了"，课后很少去主动复习。结果，考试时，文言文部分得分总不理想。经过几次"教训"后，我才意识到这是由于自己课后缺少复习。于是，我调整了学习方法，文言文部分得分果然有了显著的提高。

我为大家总结了上好语文课必须注意的三大前提，希望能对同学们有所帮助。

1. 紧抓基础知识

语文知识的特点明显表现为零星、分散，呈各自独立的无序化状态，因此掩盖了语文知识系统性、知识点紧密联系的内在特点，造成学生在学习中摸不清语文的系统性而盲目听课、被动做题的现象，以至于有些同学初中毕业了都不知道语文学了些什么。凡是有机的系统性学科，基础是最重要的，语文也是一样。要学好语文，必须从字、词、句等基础知识抓起，否则，做题再多也未必见效。

2. 把读与写结合起来

　　学习语文，必须把阅读、思考、写作结合起来，才能提高效率。具体包括三方面：一是阅读伴随写读书笔记，把书中最有价值的内容记下来，同时，把自己阅读中的新思考、新想法记下来；二是阅读、生活伴随写日记，记下自己阅读的体会、对生活的感悟；三是阅读、生活伴随文章的写作，以具体规范的形式表达自己的思想，逐渐形成自己的思想体系，形成自己的文章风格。这样长期下来，才能提高语文的听说读写能力。

3. 增强语感

　　"语感"是听语文课的关键。平时对一种说法或一个句子的表达有没有问题做出判断的时候，主要靠的是语感，而不是对语法的分析。在语文测验中，很多同学都为概括中心思想而发愁，其实，只要你在老师上课过程中用心去体会，就能很快总结出中心思想。

042

三大阅读技巧让语文课更高效

语文的知识点比较零散，除了要记忆各种音、字、词、句等基础知识，还要理解诗歌、散文、文言文等重点难点知识，同学们学起来常常感觉无从下手。其实，语文学习的关键是语言的积累。阅读是语文学习中的重头戏，也是提高语文课效率的法宝。俗话说："熟读唐诗三百首，不会作诗也会吟。"阅读不仅可以增强我们的记忆力，还可以让我们积累素材。因此，在语文课上，老师经常会带着同学们朗读课文，或者让同学们自己品读课文。这就要求同学们必须练习阅读，掌握阅读技能，并在阅读课文上运用自如。

状元经验谈I 我们的好方法

> **👤 李佳楠**　　　　　黑龙江省高考文科状元
>
> 语文学习历来重视课外阅读，这是对的。但是，一般同学们进行课外阅读时，只把注意力放在现代文上，却忽视了文言文。文言文的阅读训练，如果只在课堂上进行，那么文言文的阅读能力是很难提高的；即使我们在课堂上把文言文学懂了，形成了一定的阅读和分析能力，也是很容易退步的。因此，加强文言文的课外阅读是非常有必要的。

丁维聪 　　　　　　山西省高考理科状元

　　我学习语文的心得，概括起来就是一句话：得法于课内，受益于课外；课内打基础，课外求发展。语文学习重在阅读和积累。阅读能拓宽我们的视野。特别是名家名篇，会在无形中提高我们的语文素养，它对我们的影响是潜移默化的、润物无声的。当然，繁重的学习任务使大家没有大量的时间去阅读大部头名著。阅读长篇小说太耗费时间，只能在寒假、暑假的时候进行，平日里我主要将阅读视野集中在那些短小的名篇上。这样，我们既可以从名著中感受名家的语言魅力，又对名著有了较全面的认识，了解了作家的写作风格，弥补我们不能完全阅读的缺陷。

　　从上面两位高考状元的成功经验我们不难看出，语文学习绝对是一个长期积累的过程，它需要从广泛的阅读中一点一滴地积累，不像数学、历史等科目靠大量做题或背诵就能短期突破。因此，在上语文课时，同学们不要满足于认真听讲、仔细记笔记，还要学会多阅读，做语文学习的有心人。那么，有哪些比较高效的阅读方法值得我们借鉴呢？概括起来，阅读语文课文的方法主要有以下几种。

1. 粗读课文 🖊

　　粗读课文是在预习时完成的。粗读的首要任务是疏通文字，然后在此基础上感知课文，从整体上初步地把握课文结构。结合注释，根据上下文读两三遍，对课文内容应该能了解六七成了。粗读时要画出疑难词句，以备在课堂上提交讨论。

2. 细读课文 🖊

　　细读课文一般在上课时由老师带领进行，它的主要任务是：读准字音，认清字形，准确停顿，把握节奏；要解决粗读时遇到的疑难问题，了解有关作家作品常识；从整体上把握文章的基本内容。具体做法是：

（1）根据老师范读或课文录音清楚准确地朗读课文。

（2）结合课文注释，了解有关作家、作品常识。

（3）结合预习提示或自读提示从整体上了解课文。

（4）通读全文，把握文章的基本内容和文体特征。

3. 品读课文

品读课文主要是老师在课堂上布置的阅读任务。它的主要任务是：就思想内容、章法结构、表现技法、艺术风格等对文章进行文学和美学的鉴赏性阅读。品读主要是通过诵读来表现的，诵读是感知课文的一种手段。朱自清说："吟诵，对于探究所得的，不仅能理智地了解，而且能亲切体会。不知不觉之间，内容和理法就化为自己的东西。"实践证明，诵读可以让学生领悟到文章丰富的内涵，体味到其韵外之致，获得言有尽而意无穷的美感。

043
听数学课也要认真阅读课本

　　在语文课上，同学们都很重视阅读课文，可是上数学课时，很多同学就不那么喜欢阅读课文了。他们认为听老师讲就行了，根本就不用再去阅读课文。其实，获取数学知识的主要途径是阅读教材和听老师讲课。所以，在数学课上，同学们要随着老师的讲解认真阅读数学教材。

状元经验谈I 我们的好方法

> ### 👤 王星艺
> 吉林省高考理科状元
>
> 　　我们的课本上有许多例题，这些例题虽然简单，却非常经典。"细嚼出滋味，细想出智慧。"所以，我们要认真研读课本上的例题。另外，阅读数学教材时要注意所用教材的结构和编写特点：书中是如何采用特殊的方法去突出重要观点的（如采用不同的字形、方框、底线等），习题是按怎样的形式和顺序安排的，等等。对于这些内容，有一定基础和时间充裕的同学都可以了解。

👤 郭修武

四川省高考文科状元

同学们在课堂上听讲例题时，要特别注意去积极地思考，寻找答案，养成独立思考的习惯。不要等着老师提问、其他同学回答，或者就等着老师给思路、给答案。要知道，通过自己思考，得出的结论，往往会比别人告诉你的，记得深刻得多。争取在课堂上解决例题中的问题，这会让你在课后复习甚至以后的学习中，节省很多宝贵的时间。

👤 魏晓宇

云南省高考理科状元

"重视课本，以不变应万变。"这是我学好数学的法宝。在听数学课的过程中，我一直采取紧跟老师思路的方式。另外，高一到高二我尝试做了一些难题，到了高三，就很少做偏、难、怪题了。越接近高考，我会越重视课本中的基础题型。因为老师告诉我们考试考的就是基础题型，而不是偏题、难题和怪题。做好了课本中的基础题，我们做题时就可以游刃有余了。

数学教材是同学们获得数学知识最直接、最基本和最重要的工具。它不光提供了数学的基本知识和技能，同时也体现了数学的各种思维和研究方法。从某种意义上讲，阅读数学教材质量的好坏，决定着听课效果的好坏的关键。

概括而言，阅读数学教材应该遵循以下几点。

（1）不要希望阅读一遍就能掌握教材的主要内容和教材提供给我们的一些方法，而是需要反复阅读几遍之后，才能达到初步掌握的程度。比如，我们在阅读"根式"这一节时，如果不去仔细分析、认真研究，就不能透彻理解根式的概念，"有意义"指的是什么也就很含糊，根式与方根究竟有什么区别和联系更是弄不明白。由此可知，阅读数学教材时要注意"细"，在细读的同时还要进行反复阅读。

（2）阅读和思考教材内容时，要手不离笔，必要时还要亲自推导一下课本中出现的公式或演练一下例题、习题，这叫作学思结合、手脑并用。比如学习"公式法解一元二次方程"一节，对于用此方法推导一元二次方程求根公式的过程，如果只是看一遍，而不是看几遍或亲自动手做一遍，就很难掌握它的推导过程及每一步应该注意的条件。

（3）在学习新课之前，先预习老师要讲的内容，把不懂的地方记录下来，这样带着问题去听老师讲课，就会收到很好的效果，也会感到老师的讲课很有趣味。假如没有课前阅读这个程序，光凭课堂上有限时间的听讲，怎么能真正理解用高度概括的精练语言所表述的数学知识呢？更不用说是熟练掌握了。

（4）要想听好数学课，在阅读数学教材的过程中还必须掌握数学语言。数学语言是体现数学思想特征的专用语言，是构建数学宏大体系的材料。数学语言的基本特征是准确、精练、严密。数学的字母化和符号化，与生活用语相比，更加简明、抽象。

最后，说一下课后的阅读。一般来说，有些重要章节的内容在老师课堂上讲解之后，我们还应该再阅读一遍，这样对深刻理解教学内容、扫清做习题的障碍都有好处。阅读数学课本的过程，就是思考、理解与实践的过程，是取得好的数学成绩的重要环节，非但不能忽视，还要更加引起我们的注意。

044
上好数学课从预习开始

有很多同学认为，数学学习的关键在于听课，预习不预习都无所谓。上课时，对新课内容一无所知，听课完全处于一种盲目被动的状态，一节课下来有的听懂了，有的似懂非懂。而有的同学听课是有"备"而来，课前做了充分的预习，对所学新课程有了整体的了解，听起课来很轻松。

状元经验谈I 我们的好方法

 李智

重庆市高考理科状元

在初中阶段，我们每堂数学课所学的知识并不多，课上和课后的时间主要用于做练习，所以身边不少同学"学数学"与"做题"之间画上了等号。可是，进入高中以后，你就不难发现，数学学习的内容增多了，要求提高了，进度也加快了。如果课后只做题，不仅问题多多，还会出现跟不上趟儿的情况。所以，在我看来，学习数学除了勤预习和多做题之外，还应该多阅读课本内容，以开阔自己的知识面。正如政治课上所学的那样，理论与实践相结合嘛！

刘毅文

云南省高考文科状元

在数学学习上，我有一套自己的秘籍，即做题做到熟练为止，并且对每道题都反复推敲，注重解题过程。我在预习数学时，做完一道题后，不是急着去做下一道题，而是进行深入的思考，归纳类型、总结方法，然后再将问题和答案调换角度，在原题的基础上再编一道题考考自己，做到做一道题会一类题。可以说，这种预习习惯对我能够成为高考状元起了不小的作用。

党仪

甘肃省高考理科状元

我觉得对数学概念、定义、公式、定理和规则做到熟悉是我们提高做题速度的第一步。解题时，我们对概念越清晰，对公式、定理和规则越熟悉，解题速度就越快。因此，我们在预习数学时，通过理解教材和做简单的练习，先熟悉、记忆这些基本内容，然后再着手做题。这样做起来，既快又准确。

通过学习以上几位状元的学习经验，我们不难看出，要想听好数学课，一定要养成预习的习惯。课前预习是学好新课的前提，取得优良成绩的基础。如果不做好预习，上新课时就会不得要领，以至于对接受新课丧失信心。反之，如果做好了课前预习，不仅可以培养我们的自学能力，而且可以提高我们学习新课的兴趣，让我们掌握学习的主动权。对新教材有了初步的了解，就可以集中精力对付新课的重点和自己搞不懂的问题，及时掌握新知识和新技能。

那么，怎样预习才会有成效呢？我们下面来具体谈谈预习数学的方法与技巧。

1. 读

读就是阅读课本，初步了解概念的含义、条件及结论，例题的分析等。

2. 画

画就是圈画知识要点，将基本概念、定理、注意事项等都圈画出来。

3. 想

想主要是思考本节要讲的新知识与哪些旧知识有关，并及时地进行复习；思考新概念的定义、内涵与外延；思考定理的条件及在此条件下所得的结论；思考例题的分析思路及解题方法。

4. 推

推就是亲自推导公式。数学课程中有大量的公式，有的有推导过程，有的没有。无论课本上有无推导过程，预习的时候都应当合上书亲自把公式推导一遍。书上有推导过程的，可把自己的推导过程和书上的相对照；书上没有推导过程的，可在课堂上和老师推导的过程相对照，以便发现自己推导错误的地方。这样做能提高我们独立分析问题、解决问题的能力。

5. 批

批就是把预习时的体会、见解及暂时不能理解的内容，批注在书的空白地方，带着这些问题去听课，会更有针对性。

6. 做

做就是尝试性地做一些课后练习题，用来检验自己预习的效果。然后想一想这样预习还有什么不足，应怎样调整和改进，以便将预习做得更好。

不过，预习只是学习数学的一个环节，并不能代替听课。有些同学的预习工作做得比较好，把课后练习题甚至作业题都做完了，然后就以为完成任务了，可以不用认真听课了。结果导致对知识理解得比较肤浅，做的题也是错误百出。其实，如果预习比较顺利，那么听课时就要对自己提出更高的要求，例如，将老师的思路和自己的思路进行比较，找出自己的不足，进一步提高思维能力。

045
英语课上要**五官并用**

在学习其他科目时，大家用得最多的可能是手和耳，但在英语学习中，五官并用才会更有效。因为英语是一种语言，语言运用的最高境界就是"四会"——听、说、读、写。所以，相应地要做到"五到"：耳到、眼到、口到、手到、脑到。这是效率最高的听课方法之一，它要求听课者全神贯注，根据课堂情境和老师要求，灵活地调整听课方法。

状元经验谈I 我们的好方法

 刘远航

新疆维吾尔自治区高考文科状元

我认为，学好英语要始终抓住说、听、练三个环节。这三者是相辅相成、不可偏废的。英语是一种交际工具，要学好它，我们的第一要务是在实践中学它、用它，因此平时多说英语显得特别重要。但这一点往往被不少同学忽视。在中学学习时，我和几个要好的同学组成了一个小"英语角"，常聚在一起练口语，随着时间的推移，我们的口语水平都有了明显提高。

👤 胡瑞英

内蒙古自治区高考文科状元

听英语课时，在分析课文的过程中，遇到一些有用的句式或语法知识点，可以用彩色笔标注出来。像短语"what's worse"可用于上下文衔接，是体现一种逻辑关系的短语，对写作非常有用，就可以用彩色笔标注出来，以便复习掌握。

👤 范孟辰

陕西省高考文科状元

课文包括了语音、词汇、语法，是进行听、说、读、写的综合材料。我是这样做的：先记生词，熟读课文，然后从第一句开始，"品"字形叠加背诵，直至将全文背诵完。另外，在课堂上大胆回答问题，是提高听、说能力的重要方法。因此，同学们要大胆发言，敢说敢讲，别怕出错。

以上几位状元的学习经验都不错，非常值得我们借鉴。当然了，每个人的学习方法和学习习惯都有所不同，只要适合自己的就是好的。但很多同学在学英语的时候往往只是用了眼睛，或者用了手、用了嘴、用了耳，用了某一个器官，而没有想到在一个单位时间里其实可以五官并用，来提高自己学习英语的效率。

具体来说，五官并用包括如下内容。

耳到：听老师讲，听同学发言、提问，不漏听、不错听。

眼到：看课本、看老师的表情、看板书、看优秀同学的反应。

口到：口说，包括复述、朗读、回答问题。

手到：做笔记、圈重点、写感想、做练习。

脑到：动脑筋，集中注意力、积极思维。

那么，具体应该怎么做呢？湖北省高考文科状元康静同学给我们做了具体的说明。

拿到一个有声文本，我一般会进行五遍听音。第一遍，进行听音，不看文本。第二遍，把自己听到的东西写下来，进行听写。第三遍，一边放录音，一边对照文本，看自己所听写的内容和原文本有什么差距，尤其是要注意自己写错的和没有听出来的地方。第四遍，一边听文本，一边进行跟读，即看文本、听录音、跟读。第五遍，不看文本，听录音，进行跟读。

大家可能会觉得，一个录音要听五遍会很累。其实我们仔细想一想，在学课文的时候，一篇课文又岂止听了五遍录音，但是在那五遍中间，我们又让课文在脑中留下了什么印象呢？往往效果并不太好。

录音听五遍，如果按照这个方法做了，真可谓一举多得：大家可以在练习听力的同时练习口语；听写的过程可以让发现听力存在的缺陷，找出自己具体的问题在哪里，然后对症下药，这样能够比较迅速地提高你的听力水平，而且相当于把原来学过的单词又复习了一遍，就不需要专门地进行单词拼写训练了；在跟读的过程中，练习了语音、语调，使自己的发音更趋完善，跟读课文也能够使课文在脑中留下比较深刻的印象。如果每一篇文章都这样做了，或者说，如果你有兴趣再进行第六遍、第七遍、第八遍或者更多的训练，一定会收到比较好的效果。

046
边听课边**记英语单词**

会背单词、掌握语法、读懂课文是学习英语的三要素，而记忆单词则是学习英语的基础。一般来说，同学们学英语都比较注重记忆。单词、短语只有记住了才能应用，才能看懂书。但如果单纯地背诵单词和短语，记住通常很困难。我们只有针对记忆内容，采取灵活多样的记忆方法，记忆效果才能提高。

状元经验谈I 我们的好方法

 贺维艺

湖北省高考理科状元

英语的学习应首先从单词开始。单词是英语这幢大厦的根基，如果根基不牢，怎能建得起一幢漂亮、坚固的大厦呢？我是这样记单词的：最先一天背3页单词表，一个月时间背完第一遍单词表。在背的过程中，遇到不会的单词，自己做上记号，第二天或第三天再重复一遍。然后，一天8~10页，用7~10天的时间背完第二遍，再有不会的词汇就用本子抄写下来，随时记。在复习完两遍词汇以后，就和另外一个同学结成对子，每天抽空互相抽查，这样就能记住全部高考词汇了。

👤 **李翔**
重庆市高考文科状元

在记忆英语单词时，我们可以接触一些英语的原版语境，包括了解西方的一些文化习俗、文化背景。平常可以多听一些原味英语，比如说可以去看一些英语频道的节目，或者去看一些英文的原版电影，或者去听一些英文歌曲。不要在意听不听得懂，主要目的是熟悉英语的语境。

👤 **骆雅婷**
福建省高考理科状元

在听英语录音时，要听课文，也要听词汇。我自己的体会是，某种程度上，听词汇比听课文更重要。我几乎每天都要听一遍中学课本的词汇册，天长日久，在脑子里就形成了"听觉记忆"，以后碰上听过的词，一下就能反应过来。就如同看熟了的老电影，听了上句，就知道下句是什么。

记忆英语单词的方法很多，那么怎样才能边听课边记英语单词呢？下面介绍几种在英语课堂上记忆单词的方法。

1. 比较记忆法 ✏️

从义的方面比较：有同义词 although, though, in spite of 等；有反义词 high-low, big-small, good-bad 等；有关联的词 teacher-student-classroom, driver-bus-passenger 等。从形的方面比较：比如，farm-farmer, teach-teacher, tonight-light-fight-right-tight 等。从音的方面比较：比如，new-knew, work-word, all-ball-wall 等。

2. 分类记忆法 ✏️

如时间类的：hour-minute-second, year-month-week-day, last year-last week-today-tonight-tomorrow 等，还有动物类的、家庭类的、学校类的、植物类的等。

3. 字母位置颠倒的记忆法 🖊

比如顺读和倒读都一样的词：madam，noon，mum，dad 等；比如移动字母位置的词：no-on，not-ton，was-saw，ten-net，from-form，bowl-blow，quite-quiet 等。

4. 按拼读规则记单词 🖊

英语是表音文字，只要我们记住了它的读音，就可以按拼读规则把它写出来。

5. 词不离句，句不离文 🖊

孤零零的单词容易遗忘，就像自己想做生意时在一个角落里自己摆一个摊儿容易被人忽视一样，如果卖东西的摊儿凑在一起排成一排，就会受人注意，生意就兴隆。因此我们说，英语学得好的人，不但是一个会各种记忆技巧的人，而且首先应该是一个敢于下功夫背点儿经典课文的人。课文背熟了，单词的词义和用法也就记住了，就能脱口而出，经久不忘了。

记忆单词必须讲究一定的方法，这样才能取得事半功倍的效果。因为单词是音、形、义的结合体，所以最好从这三方面的联系去记。背单词切忌有口无心地机械重复每一个字母，应该多读读整个单词，按照每个音节的发音去联想字母，以便取得好的记忆效果。

047
上物理课重在听懂

　　在中学阶段的各门学科中，有的学科在听课时侧重于"记"，只要都记住了，就比不记要强很多（如语文、英语）。但有的学科侧重于"懂"，比如物理的概念、定律、公式等，由于语言抽象、逻辑严谨等特点，不是那么容易记忆的。因此，听物理课要在"懂"字上下功夫，将所学知识融会贯通。

状元经验谈l 我们的好方法

👤 贺凯	山西省高考理科状元

　　物理概念比较抽象，常常难以理解和记忆。所以，我们最好能将抽象的物理概念做形象处理，充分熟悉概念的形成、归纳、定义的过程，这对培养自己的观察和概括能力大有裨益。因此，在上物理课时，我们应认真听老师对物理概念、定律和公式的讲解，不仅要听懂，还要理解，并会运用。

耿天毅　　　　　　　　　吉林省高考理科状元

近年来的高考物理试卷，重视对物理实验能力的考核，但是，目前在中学物理的学习中，实验学习依然是一个薄弱环节。很多同学把实验课当成游戏课，并不重视，课前毫无准备。其实，在上物理实验课前也要认真做好预习。预习时要明确实验目的，弄懂实验中用到的有关理论，熟悉所使用的仪器（注意仪器的型号），了解实验步骤和注意事项。只有这样，才能准确操作实验仪器，得出正确的结论。

谢远航　　　　　　　　　河南省高考理科状元

对于听物理课，我的经验就是：紧跟老师的思路，展开联想，充分开拓思路，进行对比。就是说，听物理课的时候，对于老师讲到的每一个问题，我会有意识地联想书本上与该知识点相关的规律，并联想现实生活中碰到过的能体现这一知识点的事儿，然后看理论和实践有什么异同，细节性的变化在哪儿，这样做就能在头脑中留下深刻的印象。等到课后做题时，我会先联想书本上所学的知识点，然后运用排除法，留下对题目有用的信息，组织答案。

丁雅琦　　　　　　　　　安徽省高考理科状元

物理学中那些易混淆之处，比其他学科更难解决，而这些地方恰恰是命题者爱做文章之处。因此，我们应以此为突破口学习物理，将易混淆的概念彻底弄清楚。这是符合学习规律的，也易于取得效果。

上海交通大学的尤洁同学说："升入高中上了物理课后，许多同学都不太适应，我也不例外。开始时，我还以为是功夫下得不够，每天背书背得昏天黑地，可效果似乎不佳。后来，我把自己的疑惑告诉老师。老师问我：上课听懂没有，理解没有？一句话点醒了梦中人，我猛然醒悟：不是功夫下得不够，而是功夫下得不是地方。这就好比明明是头疼却吃治胃疼的药，不对症下药，当然不行。看来，学习物理，首先还是要在'懂'字上下功夫。"

那么具体地说，怎么下功夫呢？尤洁同学谈了自己的几点心得。

1. 弄懂老师的思路

学物理，老师要求记课堂笔记。刚开始时不知道该记什么，也不知道该如何利用课堂笔记，结果记了半天还是没什么用。如今既然要在"懂"字上狠下功夫，那当然要注意听老师的思路了。目标明确了，上课时要记老师的思路，下课后要及时整理笔记。跟随老师的思路听、记，将老师的思路逐渐变成自己的思路学以致用，对物理学习帮助很大。

2. 弄懂书本上的思路

老师的讲解不可能深入到每个同学的脑子里去，有时这个问题讲得透彻一点儿，有时那个问题讲得含混一点儿，这都很正常。除了课下多问老师外，更多的时间是自己去找书看。比如可以读《中学生物理报》等，由于课外阅读是要弄懂老师没讲懂的问题，目的性很强，因而也知道该看些什么。而且越看越想看，越看越知道门路所在，形成了良性循环。这一过程，实际上就是把书本上的思路变成自己思路的过程。

3. 弄懂同学的思路

同学间的互相帮助也很重要。在遇到不懂的问题时，可以去请教同学，都是同龄人，说话很随意。实际上，只有和同学在一起探讨才是真正意义上的交流、互动。有许多难题的解决，都是靠同学们的帮助才理解的。

4. 弄懂出题者的思路

学物理最终要落在做题上。因此，弄懂出题者的思路也很重要。你要设身处地与出题者换位思考，看他是以哪个知识点为出发点出题的，设了什么"套儿"，目的何在等。等你摸清了出题者的思路，你的解题思路也就出来了。

048
化学课要抓住**概念中的关键词**

化学是一门兼有文理科性质的课程。说它有文科特点，是因为化学不像物理那样，有一套简洁并具有数学美感的完整的公式体系，而是有许多零星的知识点分散在各处。特别是有许多元素或物质的特性，无规律或无公式可循，必须在理解的基础上背熟。当然，它理科的一面是在于运用原理和公式解释现象或做出定量分析判断。这就决定了学好化学的一条重要策略：除了对概念理论的理解和掌握运用外，还要留意散落的零星知识点，并能学以致用。

状元经验谈I 我们的好方法

> 👤 **邱昕瑶**　　　　　　　　　浙江省高考理科状元
>
> 　　化学需要记忆的内容多而复杂，同学们在处理时不易记全。克服困难的有效方法是：在理解的基础上，通过几个关键的字或词组成一句话，或分几个要点，或列表，使之利于记忆。如用七个字组成："一点、二通、三加热。"一句话就概括了氢气还原氧化铜实验的关键步骤及注意事项。

刘壮　安徽省高考理科状元

　　化学实验课上，不是动动眼睛就行了，还要开动脑筋去分析和判断。如在实验室观察制氧气的实验时，只有同时思考"为什么实验前应先检验装置的气密性？""试管口为何要略向下倾斜？""实验结束时，为何要先将导管从水槽中取出，后熄灭酒精灯？"等问题，才能"知其所以然"。

李泽　北京市高考理科状元

　　学习化学概念要深入理解化学用语的内涵及外延。如 F $\overset{2}{\underset{7}{(+9)}}$，它的内在含义是+9，表示原子核内有9个质子，核内带9个单位正电荷；两条弧线上的数字表示核外第一层排2个电子，第二层排7个电子。它的外在含义表示氟原子最外层有7个电子，易获得1个电子达到惰性气体的稳定结构，因此氟元素是活泼的非金属元素，具有强氧化性等。

　　上化学课时，很多同学都反映一些化学概念晦涩难懂，就只对化学实验感兴趣，而忽略了对基本概念的学习。其实，化学基本概念是反映物质在化学运动中的特有属性的一种表现形式，它同时也是构成化学知识的"细胞"，在化学学习中占有十分重要的地位。因此，同学们在上课时应加强对化学基本概念的学习。

　　由于化学概念中的字词都经过了认真推敲并有其特定意义，所以在理解概念时也要像给概念下定义时那样仔细推敲每一个字词，尤其是关键词。我们知道，准确、系统地掌握化学的基本概念是学好化学的基础。不论是学习化学理论，还是学习化学实验，最根本的就是掌握有关基本概念。

　　因此，我们在学习化学基本概念时，要注意准确性、系统性和灵活性。

1. 准确性 ✏

　　所谓准确性，就是要对基本概念有深刻的理解，不能含糊其词。例如，气体摩尔体积的概念："在标准状况下，1摩尔的任何气体所占的体积都约为22.4升，这个体积叫作气体摩尔体积。"这里面的"标准状况""1摩尔""任何气体""22.4升"都有具体的含义，只有对每一层的含义都有清楚的认识，才能准确地把握这一概念。

2. 系统性 ✏

　　所谓系统性，则是要注意一些基本概念之间的紧密联系。例如，氧化和还原，它们之间的联系从表面上看是氧的得失，实质上则是电子的转移。抓住了氧化与还原的内在联系，就能很好地理解"被氧化""被还原""氧化剂""还原剂""氧化性""还原性"等概念。

3. 灵活性 ✏

　　至于灵活性，是指学会运用基本概念去分析和解决问题，这一点尤为重要。如电解质的定义如下："在溶解或熔化时易导电的化合物叫电解质。"有不少同学就对这个概念的理解有点儿问题，认为硫酸钡是非电解质，其原因就在于没有注意概念中的"或熔化"三个字，因为，硫酸钡虽然难溶于水，在水中不易导电，但它在熔化状态下易导电。

049
学习历史关键在课堂

　　历史课所需的记忆量是很大的，不要说教材中的正文，就连教材中的小字（选读或注释性文字）也要记下来，似乎不把几册历史课本全背下来就没法儿应对考试。所以，很多同学认为学历史就是背诵，上课就是不认真听讲也没有关系。事实上，这是一种错误的观念。上课认真听讲，绝对是学好历史的关键。

状元经验谈I 我们的好方法

> **👤 于成亮**　　　　　　　河南省高考文科状元
>
> 　　要学好历史，除了要记基本的知识点以外，厘清线索也是非常重要的环节。老师在课堂上讲解的内容固然可以帮助你，但每个人的记忆方式、记忆习惯不同，还是要用适合自己的办法再整理一遍。比如，中国古代史以时间为线索，条理清晰，各朝代各时期的特征很明显，而且有很大的可比性，因此比较适合用图表来串联。

👤 刘丁宁 　　　　　　　　　辽宁省高考文科状元

高考的分数都是一点一点积攒下来的，同时"历史与社会"也是比较容易把握的一科，只要认真复习就不会出现考分很低的状况。我建议大家在听课时最好多留意一下历史课本上的插图和文字说明，这些都很有可能作为考试中的选择题题目和解答题材料。

👤 徐婷婷 　　　　　　　　　湖南省高考文科状元

上历史课时，我们可以把课本上浩繁的内容浓缩成一点，课后再从这一点出发进行扩展记忆。这种方法一般适用于记地名、人名和一些战役的先后顺序等。如中国近代史上与英、美、日、法等国签订的条约中有关通商口岸开放的地名极多，可归纳成："广厦福宁上"——1842年《中英南京条约》开放的五口：广州、厦门、福州、宁波、上海；"宜湖北温"——1876年《中英烟台条约》开放的四口：宜昌、芜湖、北海、温州；"重沙苏杭"——1895年《中日马关条约》开放的四口：重庆、沙市、苏州、杭州。

很多同学认为，学习历史只能多记，不能少记，否则就会影响学习效果。这种看法本身并没有错，年代、人物、事件等，你少记一个，考试时就无法答题。但是，这么厚的几册历史书全要记在脑子里实在是一桩苦差事，为了减轻负担，我们可以在听课时将繁杂的历史材料进行分类总结，提取出关键内容，课后再采用联想法将相关知识点联系在一起，形成知识网络进行记忆，这也同样能达到很好的记忆效果。

那么，我们在历史课上听什么呢？

1. 听一节课的体系

老师对这节课是如何整合的。

2. 听有效信息 ✏️

老师的话中常有一些规律性的、总结性的内容或是对某一问题的补充说明，要不失时机地记下来（如在讲到早期殖民扩张时，会讲到资本主义扩张的几个阶段；在讲到新航路开辟对世界市场的影响时，会讲到世界市场形成的过程）。这对于我们从整体上把握某一事件和学习后面的内容都很有帮助。

3. 听思维方式 ✏️

同学们听课时要注意对某一历史问题的分析是从哪些方面入手的，从而学会举一反三，在遇到同类问题时知道应该从哪些方面去分析。比如分析某一举措的作用或影响时，一般要看这一措施的目的是什么。

此外，在听历史课时，我们可以在身边放一沓白纸，遇到难点或较繁杂的重点内容，随时在纸上以列表或提纲的形式理一下思路。把这些单张的纸保存下来，隔段时间就翻一翻，几次下来可以攻克不少薄弱环节。其实，"演算"的过程也是熟悉相关的一些较难写或不太常用的字词的过程。几乎每次高考都有学生提笔忘字。例如，有一年一个同学怎么也想不起来孟良崮的"崮"字怎么写，还有一年一个很优秀的同学居然连缅甸的"甸"字都写不出来。过去常用"紧张"来解释这一现象。现在看来，写得太少也当为原因之一。

050
地理课不能忘了地图

　　地理课的知识丰富，涉及的范围广，并且地理学起来并不像数学、英语那样困难，很多同学都乐于学。但不知为什么，好些同学的地理成绩都不稳定，除了可能态度上不够重视以外，自然也与学习方法不得当有关。

状元经验谈| 我们的好方法

> ### 👤 杨维思
> 云南省高考文科状元
>
> 　　我认为，学地理最要紧的是在头脑中有两张图，一张世界地图、一张中国地图。首先搞清楚各个国家的地理位置，各个省份的具体位置、地理特征等。地理试卷上有一半的题目需要同学们看图，有些题目甚至需要我们画图。提高地理学习效率的最佳入手处是熟记地图。拿到一张地图时，首先看地图的轮廓，简单在心里描述并记一下；其次寻找地图中最显眼、最特别的地方，如山、河等，同时寻找它们的相对位置；最后把整张地图与这些特别的地方结合起来记。

周之恒　　　　　湖南省高考文科状元

在我看来，地图是我们学习地理的重要工具，运用地图记忆地理知识是最准确、最牢固、最有效的记忆方法。地理内容纷繁复杂，但几乎所有的地理知识都源于它在地理图片上的位置。听课时，我们要做到看书与看图相结合，将地理知识逐一在图上查找落实，熟记；平时要多看地图（还可以填图、绘图），做到图不离手，把地图印在脑子里，并能在图上再现知识。这样，当我们解答地理问题时，头脑中就能浮现出一幅形象、清晰的地图：地球运动、大气分层、山河分布、洋流流向、国家位置、铁路干线……于是，我们就可以从中准确而有效地提取需要的信息，从容作答。

周小琪　　　　　四川省高考文科状元

高中三年，我有过自己曾经相对薄弱的科目——地理。那时候地理成绩不好，面对地图，好茫然。后来，老师向我推荐了一种方法，就是要我多看地图，在闲暇时间里，随时翻一翻，不要刻意去记某个地方，把大概轮廓记在心里就好。于是，在课后、课间的时候，我就有意识地去翻一翻地图，比如看新闻时提到某个国家，会翻翻这个国家在什么地方，这样对大概的轮廓都有点儿印象。最好是在自己常住的地方挂一幅中国地图和一幅世界地图，发呆的时候有意识地去看看，长时间地训练可以使自己的脑海里形成很好的地理空间概念。以后面对这方面的题目时，就能马上想到对应的地方，找到切入点。

地理知识很杂，很容易混淆，很多同学害怕记忆地理知识。但是，周之恒同学为我们提供了一种巧妙的学习地理的方法——无论听课还是复习时，做到看书与看图相结合。这种方法简单有趣又行之有效，可以快速地提高我们对地理知识的掌握速度。此外，陕西省高考文科状元张诗佳同学在地理学习方面也很有一套，她从来不去死记硬背，而是在地图的带领下，轻轻松松地拿下了地理这门"难啃的硬骨头"，在文综考试中取得了好成绩。

张诗佳同学在学习中国地理时，采用了"几何图形法"，轻松地记住了复杂的铁路线路图。她通过把杂乱无章的铁路线整理成有角有形的几何图形，来增强自己的记忆。在复习长江中下游地区的铁路线路图时，她首先找出各铁路线分布的规律，再把它们有机地组合成完整的几何图形。

通过观察地图，张诗佳同学发现长江中下游地区的铁路线分布大致呈"三横三纵"。这里的"横"，指的是东西方向或近似东西方向的铁路干线；"纵"指的是南北方向或近似南北方向的铁路干线。"三横"是指陇海、浙赣、湘黔三条铁路，它们基本同长江干流相平行；"三纵"是指京广、焦枝、枝柳三条铁路，它们大致同长江干流直交，起着沟通南北的作用。汉丹线、襄渝线同长江干流构成一个三角形。枝柳线、湘黔线、京广线和长江干流构成一个正方形。另外，浙赣线、沪杭线同长江干流也可构成正方形。这样，一张完整的长江中下游地区的铁路线路几何图形就完成了。我们通过画图，把这些复杂的线路转变为简单的几何图形，记忆起来就相对简单多了。

中学语文的"听、说、读、写"

学习语文一般有以下几个方面的要求。

1. 听。听要耐心专注。听记叙文,要能够听清人和事;听说明文,要能够抓住事物的特征;听议论文,要能够听出作者的观点和理由。

2. 说。说要大胆,语言简明,连贯得体,观点鲜明。

3. 读。读要学会默读、朗读、精读、泛读的技巧,学会分析和欣赏课文。

4. 写。写要文字通顺,详略得当,想象丰富。写人和事,要有真实感;写事物,要抓住特征,条理清楚;写观点,要有理有据,驳倒对方。